D1918524

SUTTON
VERLAG

Reger Verkehr am Schwarzen Bären: die Ihmebrücke (heute Benno-Ohnesorg-Brücke) im Jahre 1913.

*Heimat*ARCHIV

Torsten Bachmann

LINDEN

STREIFZÜGE DURCH DIE GESCHICHTE

SUTTON VERLAG

Merian-Stich von 1654: links im Vordergrund das Dorf Linden mit der Martinskirche, im Hintergrund die stark befestigte Stadt Hannover. Der Turm der Windmühle gehört heute zum Turmbiergarten.

Impressum

Sutton Verlag GmbH

Hochheimer Straße 59

99094 Erfurt

www.suttonverlag.de

Druck: Druckhaus Beltz Bad Langensalza

ISBN 978-3-95400-112-5

INHALTSVERZEICHNIS

DANKSAGUNG

Ein großer Dank geht an Jürgen Wessel, der mir mit der Bereitstellung vieler Bilder und Informationen sowie mit seinem umfangreichen Wissen sehr geholfen hat.

Weiterhin danke ich allen Personen und Institutionen, die mir mit Materialien, Daten, Bildern, Informationen, Gesprächen und Interviews Einblick in Lindens Vergangenheit und Gegenwart gegeben haben:

Liane Aster und Johannes Kufner (Kirchengemeinde St. Martin), Harald Bange, Bianca Bartels (enercity Hannover), Susanne Böhmer und Egon Kuhn (Geschichtswerkstatt im Freizeitheim Linden), Horst Bohne, Werner Döhring, Sabine Engel (Kirchengemeinde Linden-Nord), Dr. York Fusch (Körting Hannover AG), Oliver Gruenke (Mittwochtheater), Christine Hamburger (Gospelkirche Hannover), Hans-Jörg Hennecke, Rüdiger Hornbostel (SV Linden 07), Horst Janzen / Heidi Derks / Nils Wintering (TAK Hannover), Michael Jürging, Horst Kemmling und Ralf Hasenbein (TSV Victoria Linden), Carsten Koch (Fössebad Betriebsgesellschaft), Hans-Michael Krüger (Kulturzentrum Faust), Dr. Wolf-Dieter Mechler (Historisches Museum Hannover), Barbara Niemetz (Kirchengemeinde St. Godehard), Jonny Peter (Quartier e. V.), Dr. Annette Richter und Annina Böhme (Landesmuseum Hannover), Dierk Schäfer, Torben Scheller (Apollokino), Bernd Strauch und Nicolas Sempff (Jazzclub Hannover), Beate Trebing (Komatsu Hanomag GmbH), Manfred Wassmann, Hans-Erich Wiesemann.

Mein besonderer Dank gilt meiner Frau Nataliya, die mich immer wieder bei der Arbeit an diesem Buch unterstützt und inspiriert hat.

Zum Schluss möchte ich mich bei allen Mitarbeiterinnen und Mitarbeitern des Sutton Verlags bedanken, die zum Erscheinen dieses Buches beigetragen haben.

BILDQUELLEN

Apollokino: S. 91, 92, 93;
Archiv des ehemaligen Gasbereiches der Stadtwerke Hannover AG: S. 8, 36, 37;
Torsten Bachmann: S. 15, 16, 31, 43, 55, 56, 76, 80, 81, 84, 107, 112;
Nataliya Bachmann: S. 9, 109 unten;
Bistumsarchiv Hildesheim: S. 71;
Blätter für Architektur und Kunsthandwerk (17. Jahrgang): Titelseite;
Werner Döhring: S. 124, 125, 126;
Enercity Hannover: S. 38;
FAUST e.V.: S. 99, 100, 101, 102;
Fössebad GmbH: S. 116;
Geschichtswerkstatt im Freizeitheim Linden: S. 17, 18, 45, 46, 47, 48, 50, 51, 75, 95, 96, 98, 114, 115;
HAWA-Nachrichten (1918/1919): S. 33;
Historisches Museum Hannover: S. 4, 12, 14, 25, 28, 29 unten, 78;
Sammlung Michael Jürging: S. 20, 29 oben;
Ev.-luth. Kirchengemeinde St. Martin: S. 54;
Katholische Kirchengemeinde St. Godehard: S. 68;
Komatsu Hanomag GmbH: S. 26;
Körting AG: S. 39, 40, 41, 42;
Mittwochtheater: S. 113;
Nicolas Sempff (Jazzclub Hannover): S. 109 oben;
SV Linden 07: S. 118, 119;
TAK Hannover: S. 69, 72, 104, 105;
TSV Victoria Linden: S. 120, 121, 122;
Sammlung Jürgen Wessel: Buchrückseite, S. 2, 11, 13, 22, 23, 24, 59, 60, 63, 67, 70, 77, 79, 82, 83, 86, 87, 88, 89;
Hans-Erich Wiesemann: S. 64.

VORWORT

Linden – dieser überaus lebendige Stadtteil sprudelt voller Energie: Kunst und Kultur, Kneipen und Kultlocations, Vereine und Initiativen tragen zu diesem Esprit bei. Ebenso die aktiven, offenen Menschen, die hier leben und sich engagieren.

Linden ist attraktiv, Linden hat viel zu bieten. Auch an Geschichte. Denn in den fast 900 Jahren hat der Ort sein Gesicht mehrmals verändert. Das kleine Dorf, 1115 erstmals urkundlich erwähnt, entwickelte sich im 19. Jahrhundert rasant: vom „schönsten Dorf des Königsreichs Hannover“ mit idyllischer Naturlandschaft, luxuriösen Vorstadtvillen und zwei größeren Barockgärten zum „größten Dorf Preußens“, einem Industriezentrum. Rauchende Schornsteine und die in ärmlichen Verhältnissen lebende Arbeiterbevölkerung bestimmten nun das Bild – wie auch manch ein Betrieb mit Weltruf.

1885 wurde Linden (mit über 25.000 Einwohnern) eigenständige Stadt. Seit der Eingemeindung 1920 gehört Linden zu Hannover und ist heute einer der lebendigsten Stadtteile der niedersächsischen Landeshauptstadt.

28 Streifzüge durch Lindens Geschichte warten darauf, entdeckt zu werden. Ob chronologisch oder häppchenweise durcheinander ist dabei völlig egal. Denn jeder Streifzug ist in sich geschlossen. Viel Spaß!

Linden als Industriestandort: Schornsteine prägten über ein Jahrhundert lang das Ortsbild. Das Bild zeigt die Gasanstalt in der Glocksee im Jahre 1930.

I

LINDEN VOR LANGER ZEIT

STREIFZUG 1

Die Blätter von Ginkgobäumen bewegen sich sanft im warmen Wind. Eine Landschildkröte stapft etwas ungelenk im hellen Sonnenschein umher – auf der Suche nach Futter. Plötzlich erscheint ein riesiger Schatten über dem langsamen Kriechtier. Noch zwei Sekunden, schon öffnet sich ein gewaltiges Maul mit mächtigen Zahnreihen. Für den Allosaurus, einen fleischfressenden Raubdinosaurier, ist die Schildkröte leichte Beute. Seine großen kräftigen Zähne knacken den harten Panzer.

Dies war keine Szene aus dem Kinofilm „Jurassic Park", sondern die harte Realität „in Linden" – vor 150 Millionen Jahren. Zu jener Zeit war das heutige Lindener Gebiet wie auch ganz Europa ein großes warmes Flachwassermeer mit vielen Inseln und Inselgruppen. Im Wasser tummelten sich Knochenfische, Meeresschildkröten, Haie mit ausgebildeten Flossenstacheln und Meereskrokodile bis zu einer Länge von zehn Metern. Seeigel fanden in den Korallenriffen Schutz, auch Muscheln und Schnecken waren zahlreich vertreten.

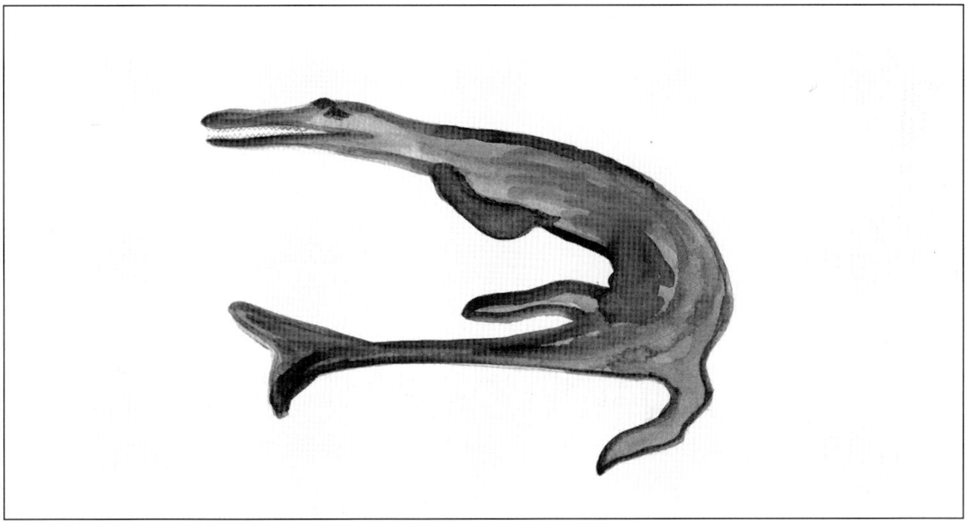

Das im Wasser lebende Meereskrokodil war Fleischfresser und konnte bis zu zehn Meter Länge erreichen.

Auf den damals tropischen Inseln florierte ebenfalls das Leben. Verschiedene Dinosaurierarten und kleinere Echsen, deren Nachfahren noch heute in Neuseeland zu finden sind, streiften durch eine Vegetation aus Farnen, Koniferen und Ginkgobäumen.

Überreste der damaligen Lebewesen finden sich auf dem Lindener Berg: Zähne, Knochen, Muschelschalen und weitere Fundstücke. Im Kalksandstein sind die versteinerten Zeugen über Jahrmillionen erhalten geblieben. Amtsrat Carl Eberhard Friedrich Struckmann hatte sich im 19. Jahrhundert auf die Suche gemacht. Mit Hammer und Meißel konnte er im damaligen Kalksteinbruch am Lindener Berg viele Fossilien freilegen. Da Struckmann seine Fundstücke akkurat beschriftete und verwahrte, können wir sie heute noch anschauen: In einer Dauerausstellung im Küchengartenpavillon ist ein kleiner Teil seiner Sammlung zu sehen. Die meisten der von Struckmann gesammelten Fossilien – mehrere Tausend – sind im Archiv des Landesmuseums an der Fössestraße archiviert. Selbst zu suchen hat wenig Aussicht auf Erfolg – an der Stelle des Kalksteinbruchs befindet sich heute das Lindener Stadion.

Weitere Informationen:
Küchengartenpavillon auf dem Lindener Berg
Öffnungszeiten unter www.quartier-ev.de

II

LINDENER ADEL

STREIFZUG 2

Barocke Pracht in Linden: Das Lustschloss des Grafen von Platen

Die Bauern im kleinen Dorf Linden staunten nicht schlecht. In Sichtweite ihrer Scheunen und Häuser tat sich etwas offensichtlich Großes. Hunderte von streng geschnittenen Formbäumchen und Hecken waren in die Erde gesetzt worden. Gärtner legten letzte Hand an bunt bepflanzte Blumenrabatten. Skulpteure und Bauleute arbeiteten an verzierten Wasserbecken, Fontänenbrunnen und lebensgroßen Sandsteinfiguren. Von allen vier Seiten des Geländes führten markante Wege auf ein herrschaftliches Gebäude zu: ein zweistöckiges Lustschloss mit neuartigem, hochaufragendem Mansardendach, das in Frankreich gerade in Mode kam. Keine Frage, hier ließ sich ein schwerreicher Adliger einen prachtvollen Barockgarten anlegen.

Postkarte des Barockschlosses im Von-Alten-Garten. Im Zweiten Weltkrieg wurde der Barockbau zerstört.

Franz Ernst von Platen führte ein Leben in Reichtum und Luxus. Sein Landsitz, ein prächtiger Barockgarten samt Schloss, konkurrierte sogar mit den herzoglichen Gärten in Herrenhausen.

Im Jahr 1692 war diese außergewöhnliche Anlage weitestgehend vollendet. Der Bauherr: ein gewisser Freiherr Franz Ernst von Platen. Der umtriebige Adlige war 1659 in die Dienste des Herzogs Ernst August zu Braunschweig-Lüneburg eingetreten. Schnell stieg er zum Geheimen Kammerrat und Hofmarschall auf. 1679 folgte von Platen dem Herzog, der das Fürstentum Calenberg geerbt hatte, nach Hannover.

Freiherr von Platen liebte den Luxus und konnte ihn sich auch leisten. Der Herzog bezahlte ihm stattlichen Sold und stellte ihm mietfrei das Hofmarschallhaus zur Verfügung. Weitere beträchtliche Einnahmen kassierte von Platen durch „Handgelder" bei diplomatischen Verhandlungen und durch das sehr einträgliche Amt des General-Erbpostmeisters. So kam er auf Einkünfte, die schon fast an die des Herzogs heranreichten. Von Platens Titel brachten ihm aber nicht nur viel Geld ein, sondern bedeuteten auch Repräsentationspflichten. Die Stadtresidenz in Hannover genügte den hohen Ansprüchen des Freiherrn nicht annähernd. So suchte der Liebhaber luxuriösen Lebens nach einem passenden Landgut – um es zum repräsentativen Sommersitz ausbauen zu können.

Nahe des kleinen Bauerndorfes Linden wurde er fündig. Hier stand ein kleines Rittergut der Familie von Alten. Während des Dreißigjährigen Krieges war dieses Gut immer wieder geplündert worden und die Adelsfamilie dadurch verarmt. Das Angebot des reichen Hofmarschalls kam ihnen ganz gelegen. Im Jahr 1688 verpfändeten sie die

Nordseite des Schlosses mit Terrasse und Balustrade. Vorne rechts eine der Treppen, die ins Herzstück des Barockgartens führten: ins Parterre. Es diente der Repräsentation, dem Sehen und Gesehen werden der geladenen Gäste.

Ländereien und das Rittergut auf 20 Jahre an den Freiherrn. Nach dieser Zeit bestand ein Rückkaufsrecht für die von Altens. Mit einer Bedingung: Alle bis dahin neugebauten Anlagen wie z. B. Gebäude und Gärten sollten dem Hofmarschall oder seinen Erben zum aktuellen Wert vergütet werden. Eine ungünstige Klausel für die von Altens, wie sich später herausstellen sollte.

Auf dem neuen Landbesitz ließ der Hofmarschall schon bald den bereits erwähnten Barockgarten mit Lustschloss anlegen. Das Schloss im Barockstil entstand in kurzer Bauzeit, denn nur Kellergeschoss und Portal wurden aus Stein errichtet. Darauf erhob sich ein zweistöckiger verputzter Fachwerkbau mit Mansardendach. Italienische Künstler, Stuckateure und Maler verzierten die Innenräume. Eines allerdings war ungewöhnlich: Die damals üblichen Wandmalereien gab es nur im repräsentativen Gartensaal. An den Wänden und Decken der anderen Räume hingen stattdessen große abnehmbare Bilder. Diese reine Vorsichtsmaßnahme hatte von Platen getroffen, um nach Ablauf des 20-jährigen Pachtvertrags zumindest einige Werte aus dem Schloss mitnehmen zu können.

Der in Versailles ausgebildete französische Gartenmeister René Dahuron gestaltete die barocke Gartenanlage. Direkt am Schloss lagen sechs große Parterrebeete, in denen Blumen in allen möglichen Farben erstrahlten. Sprudelnde Fontänen schmückten die Plätze dazwischen. Allerlei Wege zum Lustwandeln boten Heckenboskette, Lauben-

Mätresse des Herzogs und eine der mächtigsten Frauen Hannovers: Clara Elisabeth von Platen.

gänge und Broderien mit Buchsbaumelementen. Spalierobstbäume sorgten mit ihren Früchten für eine reichlich dekorierte herrschaftliche Tafel. Ein Pavillon gewährte den feinen Damen und adligen Herren Unterschlupf bei heißer Sonne oder plötzlichem Regen. Kurzweil brachten die Orangerie, ein Tiergarten und eine begehbare Insel auf einem kleinen See. Auch Nutzareale mit Obst und Gemüse waren angelegt, wo u. a. Artischocken, Spargel, Erdbeeren, Melonen und Küchenkräuter wuchsen. Als der Barockgarten 1692 fertiggestellt war, wurde er wegen seiner üppigen Pracht in Reiseberichten erwähnt und konkurrierte sogar mit dem „Großen herzöglichen Garten in Herrenhausen".

Im neuen Lustschloss konnten die von Platens endlich ihrem Wunsch nach prunkvoller Repräsentation nachkommen. Hier empfingen sie die hohen Gäste zu großen Empfängen, verschwenderisch inszenierten Maskenbällen und rauschenden Festen. Gefeiert wurde im prächtigen Gartensaal des Schlosses. Dieser fast 100 Quadratmeter große Raum reichte über acht Meter in die Höhe und war mit farbigem Marmorfußboden ausgestattet. Große Kronleuchter an der Decke erhellten den Saal und die feinen Deckenmalereien.

Geheimräte, Grafen, reiche Handelsherren – sie alle kamen, wenn die Platens zu Festivitäten riefen. Denn diese schwerreiche Adelsfamilie hatte enorme Macht

Die historische Schlossterrasse: Wo sich früher ein Teil des Barockgartes erstreckte, ist heute öffentlich zugängliche Grünfläche.

durch ihren Einfluss am herzoglichen Hof. Graf von Platen war inzwischen Premierminister des Herzogs und Gräfin von Platen die herzogliche Mätresse. Kurze Zeit nach ihrer Heirat mit von Platen hatte sie die Gunst des Herzogs gewonnen und übte großen Einfluss auf ihren Liebhaber aus. Was Ehemann von Platen über diese Beziehung dachte, ist nicht überliefert. Möglicherweise akzeptierte er aus machtpolitischem Kalkül diese Liaison, aus der auch die beiden leiblichen Kinder der Gräfin hervorgingen.

Mit dem Tod des Grafen von Platen endete die Hochphase der gesamten Gartenanlage. Sie gelangte erst im Jahre 1816 wieder in den Besitz der Familie von Alten. Ein Rechtsstreit über die Vergütung für die wertvollen Bauwerke hatte sich über mehrere Jahrzehnte hingezogen. Im Laufe der Zeit wurde der ehemalige Barockgarten im Stil eines englischen Parks umgestaltet, einige Areale wurden verkauft und bebaut. Das Schloss hingegen blieb von all den Änderungen nahezu unberührt. Es stand bis zum Jahr 1945. Als eine Fliegerbombe das Gebäude traf, brannte es vollständig aus. In der erhalten gebliebenen Kellerruine wurden bis 1965 Spirituosen hergestellt und ein Weinhandel betrieben, bevor auch diese letzte Nutzung endete. Heute zeugen im Von-Alten-Garten noch ein paar Relikte von einer glanzvollen Vergangenheit.

STREIFZUG 3

Speisekammer für Herzöge, Fürsten und Könige: der herrschaftliche Küchengarten

Straßennamen ermöglichen mitunter einen Blick in die Vergangenheit. Küchengartenstraße, Pavillonstraße, Gartenallee, Teichstraße: All diese Bezeichnungen deuten darauf hin, dass es in Linden früher einmal eine große Gartenanlage gab.

Nach Überbleibseln dieses herrschaftlichen Nutzgartens sucht man vergebens – zumindest am ursprünglichen Ort. Die letzten Überreste des einst bedeutenden Küchengartens stehen auf dem Lindener Berg: der Küchengartenpavillon und die historische Eingangspforte. Beide Bauwerke wurden von ihrem angestammten Platz auf den Bergfriedhof versetzt. Nur deswegen haben sie überlebt und sind die letzten steinernen Zeugen der einstigen Pracht.

Die Geschichte des Küchengartens begann mit dem Umzug des Welfenherzogs Georg Wilhelm nach Hannover. Nahe seiner neuen hannoverschen Residenz, dem Leineschloss, suchte der Herzog einen Jägerhof. Schließlich wurde er fündig: Er erwarb die Quirrenburg, einen Halbmeierhof nicht weit vom Dorf Linden, mitsamt eines 30 Morgen großen Geländes. Das Flächenmaß „Morgen“ bezeichnete damals den

Heute steht der Küchengartenpavillon auf dem Lindener Bergfriedhof und beherbergt den Verein Quartier e. V.

Idyllischer Blick von der Fösse über Nedderfeld und Küchengarten auf Hannover. Rechts ist der Pavillon zu sehen.

Landstrich, der mit einem Pferde- oder Ochsenpflug an einem Vormittag umgepflügt werden konnte. Nach heutigen Maßstäben entspräche das etwa 2.600 Quadratmeter. Da auf dem großen Grundstück eine starke Wasserquelle (der „Dieckborn") sprudelte, entschloss sich der Herzog im Jahr 1652, auf dem Gelände einen Lust- und Küchengarten anzulegen. Zum Schutz wurde eine hohe Mauer um das ganze Areal errichtet. Der Küchengarten versorgte fortan die herzogliche Tafel mit allerlei Köstlichkeiten. Obstbäume spendeten Äpfel, Birnen, Kirschen, Pflaumen, Quitten und Zwetschgen. In eigens angeschafften Glashäusern konnten Melonen angebaut werden. Frisches kam auch von den Erdbeerplantagen. Ein Gartenareal war mit allerlei feinen Küchenkräutern bepflanzt, Gemüseanbau wurde ebenfalls betrieben. Neben Weiß- und Braunkohl lieferte der Gartenmeister dem Herzog u. a. auch Artischocken, Endivien und Spargel. Der Dieckborn, die starke Wasserquelle, lieferte nicht nur für die vielen Pflanzen und Bäume kostbares Nass. Sein klares Wasser speiste auch zahlreiche Teiche, die verschiedenen Aufgaben dienten. Manche wurden zur Fischzucht verwendet. Andere nutzte man für die Wasserversorgung außerhalb des Küchengartens. So hieß einer der Teiche „Ratsteich". Sein Wasser leitete man nach Hannover und nutzte es dort zum Bierbrauen. Ein anderer Teich wurde „Herrenhäuser" genannt, weil sein Wasser – durch eine Rohrleitung nach Herrenhausen geführt – die Fontänen im neu angelegten Barockgarten versorgte. Der Barockgarten – die heutigen Herrenhäuser Gärten – war auf Initiative von Johann Friedrich, dem jüngeren Bruder von Herzog Georg Wilhelm entstanden.

Ende des 19. Jahrhunderts wurde das Gebiet des Küchengartens immer mehr bebaut. Wohnhäuser und Gleisanlagen rückten an den Pavillon. Durch bürgerliches Engagement wurde der Pavillon vor dem Abriss gerettet und auf den Lindener Berg versetzt.

1740 folgte der Umbau des Küchengartens. Er diente jetzt nicht nur als Nutzgarten, sondern auch als Zier- und Blumengarten. Arbeiter legten Spazierwege an, die durch hohes Lattenwerk und Hainbuchen eingefasst wurden. So konnten die Adligen und ihre Gäste auch an heißen Sommertagen im kühlen Schatten spazieren gehen. Den vom Jägerhof kommenden Weg baute man als neue Hauptachse aus, an deren Ende ein neues Gebäude entstand: das Belvedere (der heutige Küchengartenpavillon). Dieses schöne Bauwerk diente vor allem als Aussichtspunkt. Von den Terrassen im oberen Stockwerk genossen die herrschaftlichen Besucher den malerischen Ausblick. Neben unberührten Naturlandschaften waren auch die Herrenhäuser Barockgärten und die nahe Residenzstadt Hannover mit den hoch aufragenden Kirchtürmen zu sehen.

Im Belvedere pflegte die hohe Gesellschaft auch ihren Tee einzunehmen oder verbrachte zum Vergnügen ihre Freizeit dort. Während der französischen Besetzung (1805–1811) nutzten häufig französische Offiziere den Bau als „Lustwarte“ und gaben dem Belvedere den neuen Namen „Pavillon“, der sich als „Küchengartenpavillon“ bis in unsere Zeit herübergerettet hat.

1815 wurde Hannover zum Königreich. Der Küchengarten belieferte nun die hannoverschen Könige bis zum Jahr 1866, als die königliche hannoversche Armee den preußischen Truppen unterlag. Welfenkönig Georg V. floh ins Exil, das Königreich Hannover fiel an Preußen. Der Küchengarten verlor damit seine Funktion. Er wurde verstaatlicht und geriet in den Sog der Industrialisierung. Entlang der Ihme hatten sich immer mehr Fabriken angesiedelt. Die Fabrikanten waren an einem Gleisanschluss interessiert, um die Transportkosten zu senken. 1873 schließlich wurden Gleise vom neu angelegten Bahnhof Fischerhof zum nördlichen Teil des Küchengartens gelegt, der Sackbahnhof „Küchengarten“ entstand.

Eine neue Zeit brach an: Auf dem nördlichen Teil des Küchengartens entstanden weitere Gleisanlagen, das restliche Gelände des Küchengartens wurde ab 1889 als Wohnquartier rund um den heutigen Lichtenbergplatz bebaut. Zwischen den Gleisen und Wohnhäusern stand der Küchengartenpavillon nun ohne Bezug zur Umgebung und sollte abgerissen werden. Nachdem sich Lindener Bürger und einige Industrielle für den Erhalt des barocken Gebäudes stark gemacht hatten, setzte man den Pavillon im Jahr 1914 auf den Lindener Berg um. Dort steht er noch heute.

Weitere Informationen:
Der historische Küchengartenpavillon auf dem Lindener Berg kann besichtigt werden. Dort sind auch Broschüren über die Geschichte des Küchengartens erhältlich.
Näheres unter www.quartier-ev.de

III

LINDENER GEWERBE

STREIFZUG 4

Vom einfachen Textil zur Edelmarke „Lindener Samt": die Mechanische Weberei

Wo heute das monumentale Ihme-Zentrum gen Himmel strebt, standen noch vor 50 Jahren die massiven Fabrikgebäude der Mechanischen Weberei. Das dort hergestellte Textilgewebe wurde von Linden aus in die ganze Welt geliefert – unter dem Markenbegriff „Lindener Samt".

Zusammen mit zwei hannoverschen Kaufleuten gründeten die Bankiers Adolph Meyer und Alexander Abraham Cohen im Jahr 1837 die Mechanische Weberei. Dabei konnten sich die Gründer auf eine lange Tradition der Leineweberei in Linden stützen: Schon im 17. Jahrhundert gab es vereinzelte Weberhaushalte im Dorf, eine größere Webersiedlung errichtete Graf von Platen im 18. Jahrhundert. Für den Standort der Mechanischen Weberei wählten Meyer und Cohen ein Grundstück zwischen

Wo heute das Ihmezentrum steht, rauchten früher die Schornsteine der Mechanischen Weberei. Eine Luftaufnahme von 1925.

Ihme und Blumenauer Straße. So konnte das für die Weberei benötigte Wasser direkt dem Fluss entnommen werden, der angrenzende Ihme-Hafen erlaubte den kostengünstigen Schiffstransport des Rohstoffs Baumwolle aus Bremen. Auf dem Gelände entstand ein dreigeschossiges Gebäude, in dem etwa 60 mechanische Webstühle Platz fanden. Die Kesselanlage und die Dampfmaschine kamen in einem angrenzenden Gebäude unter. Ein weithin sichtbares Zeichen der Mechanischen Weberei war der hohe, achteckige Fabrikschornstein. Zeitgenossen berichteten, dass er sogar den Lindener Berg überragte. Nicht weit von dieser Produktionsstätte baute sich Mitgründer Adolph Meyer sein Wohnhaus mit Garten – nicht unüblich für einen Fabrikbesitzer zu damaliger Zeit.

Die in der Mechanischen Weberei eingesetzten elsässischen Webstühle eigneten sich nur für die Herstellung von groben Baumwollgeweben wie roher Kattun oder geköpertes Baumwollenzeug. Mit diesen Produkten konnte sich der Betrieb gerade so über Wasser halten. Denn solche Textilwaren wurden in privater Handweberei billiger hergestellt, außerdem belieferte die hoch entwickelte englische Textilindustrie ganz Europa mit günstigen Erzeugnissen. Erst nach Aufhebung des Ausfuhrverbots ersetzte man im Jahr 1850 die elsässischen Webstühle durch englische Modelle von besserer Qualität, die eine Produktionsausweitung auf den Luxusartikel Baumwollsamt (Velvet) zuließen.

Die Ausgangslage für die Mechanische Weberei verbesserte sich mit dem bevorstehenden Beitritt des Königreichs Hannovers zum Zollverein. Durch Schutzzölle sollten englische Produkte – mit bisher 80 Prozent Marktanteil dominant – vom hannoverschen Markt ferngehalten werden. Meyer und Cohen planten nun ob der besseren Situation Großes: Der englischen Maschinenfabrik James C. Kay erteilten sie den Auftrag, in Linden eine Spinnerei modernster Technologie nach englischem Vorbild aufzubauen. Zwischen 1853 und 1855 entstand ein Fabrikgebäude, das nach dem Fairbairn'schen System ohne den traditionellen Baustoff Holz auskam. Das Tragegerüst für die einzelnen Stockwerke war aus Gründen der Feuersicherheit vollständig aus Gusseisen ausgeführt. Eine in der Gebäudemitte aufgestellte Dampfmaschine mit 500 PS Leistung trieb über vertikal und horizontal durch alle Etagen verlaufende Transmissionswellen 400 mechanische Webstühle und 668 automatische Spinnmaschinen an.

Allein in der Spinnerei fanden 1.100 Menschen Arbeit, knapp ein Drittel der damals in Linden wohnenden Bevölkerung. Arbeitskräfte von außerhalb mussten angeworben werden, um den großen Bedarf zu decken. Der Zustrom fremder Arbeiter und Arbeiterinnen erzeugte in Linden große Wohnungsnot. „Unterkünfte“ waren rar – für die Zugezogenen gab es häufig nur noch die Möglichkeit, primitive Schlafstellen für die wenigen freien Stunden außerhalb der Fabrik zu mieten. Durch den Bau einer Arbeitersiedlung beabsichtigte Adolph Meyer, die katastrophalen Wohnverhältnisse nicht noch weiter ausufern zu lassen. Mit Baubeginn 1854 entstanden 28 Reihen- und Logierhäuser entlang der nach Meyers Frau benannten Fannystraße.

Blick in den Websaal.

Schlechte Arbeitsbedingungen in der Mechanischen Weberei gehörten zum Alltag: ohrenbetäubender Lärm durch die Maschinen, Staubbelastung, Chemikalieneinsatz und hohe Luftfeuchtigkeit durch eingesprühten Wasserdampf, um ein Austrocknen der Kettfäden zu verhindern. Viele Frauen, Jugendliche und Kinder wurden eingesetzt, denn ihre Arbeitskraft war billiger und sollte die Konkurrenzfähigkeit des Unternehmens fördern. Die Löhne galten im Vergleich zur Metallindustrie als sehr gering und reichten eben gerade zum Überleben. Arbeitsfehler der Beschäftigten führten zu Strafgeldern, die den kargen Lohn weiter reduzierten. Im Jahr 1868 streikten die Textilarbeiter erstmals in großem Stil. Wegen verzögerter Baumwolllieferungen im amerikanischen Bürgerkrieg hatte die Mechanische Weberei Produktion und Löhne gekürzt. Nach dem Ende der Krise, als Produktion und Gewinne stiegen, blieben die Löhne auf dem gekürzten Niveau. Zwei Wochen lang legten die Arbeiter ihre Arbeit nieder und stritten für Lohnerhöhungen, bis der Lohnausfall sie wieder zur Arbeitsaufnahme zwang. Erst in späteren Jahren konnten durch weitere Streiks Verbesserungen erreicht werden. 1873, mitten im wirtschaftlichen Aufschwung, wurde eine Kinderpflegeanstalt eröffnet, die es den verheirateten Fabrikarbeiterinnen ermöglichte, ihre Kinder während der Arbeitszeit dort unterzubringen. In dieser Zeit entstand auch eine weitere Arbeiterkolonie zwischen Pfarrland- und Velvetstraße.

Die Produktion baumwollener Samtgewebe ab 1850 führte zu größerer Nachfrage und höheren Gewinnen, sodass weitere Gebäude errichtet wurden. Es entstanden große Websäle und ein neues Hauptgebäude an der Blumenauer Straße, das wegen Platzmangels mit sieben Geschossen ungewöhnlich hoch ausfiel. Die Blütezeit der Mechanischen Weberei begann in den 1870er-Jahren. Qualitätsmäßig war der hergestellte Baumwollsamt der englischen Konkurrenz fast ebenbürtig. Eines Tages kamen zwei Arbeiter auf den Gedanken, die bis dahin bräunlich-schwarze Farbe des Samts durch Aufstreichen eines Firnis in einen blau-schwarzen Farbton mit seidigem Glanz zu verbessern. Auf internationalen Ausstellungen, u. a. in Wien und Philadelphia, häuften sich die Auszeichnungen und Preise für die blau-schwarzen Erzeugnisse aus Linden. Das geheime Färbeverfahren verschaffte der Mechanischen Weberei einen Vorsprung gegenüber den bisher überlegenen englischen Textilbetrieben. Diese schickten schließlich sogar ihre Rohwaren nach Linden in die Färberei und mussten das gefärbte Produkt unter dem Namen „Lindener Samt“ verkaufen.

Ab Mitte der 1920er-Jahre änderte sich die Mode und die Weltwirtschaftskrise 1929 brachte die Mechanische Weberei an den Rand des Abgrunds. Nach einem Vergleichsverfahren konnte die Produktion in bescheidenem Umfang weitergeführt werden, bis die Firma den schweren Zerstörungen des Zweiten Weltkriegs erlag. Versuche, die alte Stellung wiederzugewinnen, scheiterten. 1961 wurde Konkurs angemeldet und der Betrieb endgültig eingestellt. Im Dezember 1970 riss man die

Blick vom Küchengarten auf die Mechanische Weberei. Rechts die Blumenauer Straße.

Der weltbekannte „Lindener Samt" auf Reklamepostkarten.

letzten Fabrikanlagen des traditionsreichen Betriebes ab. Dort steht heute das Ihme-Zentrum.

STREIFZUG 5

Dampfmaschinen, Lokomotiven, Fahrzeuge: Hanomag-Produkte erobern die Welt

Linden im Jahre 1834. Johann Egestorff, der größte Gewerbetreibende in Linden, starb mit 62 Jahren an einem Schlaganfall. Der „Kalkjohann", wie ihn die Bevölkerung nannte, hatte sich vom einfachen Böttchergesellen zum erfolgreichen Unternehmer emporgearbeitet – mit dem Abbau und der Verarbeitung von Kalk, einem wichtigen und begehrten Material zum Häuserbau. Nun erbten seine vier Kinder einen Komplex aus verschiedenen Rohstoff-Betrieben: die Kalksteinbrüche und Kalköfen, aber auch Ziegeleien, Steinkohlebergwerke und ein Holzgeschäft. Egestorffs ältester Sohn Georg, der schon seit Jahren im Unternehmensgeflecht seines Vaters mitgearbeitet hatte, wagte jetzt den Einstieg in die Produktion: Im Juni 1835 gründete er die Eisengießerei und

Georg Egestorff (1802–1868), Gründer der Hanomag.

Maschinenfabrik. Dies war die Keimzelle, aus der später die weltbekannte Hanomag hervorgehen sollte.

Die Anfänge waren sehr bescheiden. In einem Hauptgebäude war die Maschinenfabrik untergebracht, ein Nebengebäude beherbergte die Kesselschmiede. Da es vor Ort keine qualifizierten Maschinenbauer gab, warb der Firmenherr Konstrukteure und Facharbeiter aus England und Frankreich an. Mit 20 Arbeitern begann die Produktion von gusseisernen Toren, Ambossen, Kochtöpfen, Herden, Zahnrädern und weiteren Kleinwaren – hauptsächlich für Kunden der näheren Umgebung. Ein Jahr später wagte Egestorff den Schritt in die Herstellung von Dampfmaschinen. Mit einer Leistung von fünf und zwölf PS waren sie für kleinere Abnehmer wie z. B. landwirtschaftliche Nebenbetriebe oder Mühlen gedacht. Durch den zunehmenden Verkaufserfolg konnte das Absatzgebiet zwar schrittweise vergrößert werden, der wirtschaftliche Erfolg aber blieb nach wie vor aus. In den Jahren 1840 und 1841 wurden sogar Verluste geschrieben. Georg Egestorff trug sich mit Verkaufsabsichten.

Der Lokomotivbau brachte die Wende. Schon seit Jahren hatte sich abgezeichnet, dass der Bau von Eisenbahnstrecken in Deutschland vorangetrieben wird. Einzig das Königreich Hannover hatte dem Eisenbahnbau bisher Widerstand entgegengesetzt. König Ernst August brachte zum Ausdruck, was er von dem neuen Transportmittel

Die erste Egestorff'sche Lokomotive – sie wurde 1846 nach dem hannoverschen König Ernst August benannt.

hielt: „Ich will keine Eisenbahn in meinem Lande. Ich will nicht, dass jeder Schuster und Schneider so schnell reisen kann wie ich." Schließlich musste er sich doch dem Druck des mächtigen Nachbarn Preußen beugen, der eine Eisenbahnverbindung zwischen Berlin und den gewerbereichen Provinzen Rheinland und Westfalen über Hannover durchsetzte. 1842 begann der Bau der Eisenbahnlinie, ein Jahr später fuhren die ersten aus England importierten Bahnen. Nachdem Egestorff der königlichen Eisenbahndirektion Hannover nachweisen konnte, dass sein Werk Lokomotiven zum gleichen Preis in ebenbürtiger Qualität wie die englische Konkurrenz liefern konnte, wurde er mit Aufträgen bedacht.

Die bis dahin kleine Maschinenfabrik wuchs um zwei Hallen für den Lokomotivbau. Am 4. Juni 1846 verließ die erste gebaute Lokomotive mit dem Namen „Ernst August" die Werkshallen. Sie musste mit einem von Pferden gezogenen Wagen zum Hauptbahnhof transportiert werden, denn ein Schienenanschluss zwischen Linden und Hannover existierte noch nicht. Durch wachsende Nachfrage nach Lokomotiven stiegen Produktion und Beschäftigtenzahl in der Egestorff'schen Maschinenfabrik: 1856 stellten 650 Arbeiter bereits 30 Lokomotiven im Jahr her. Die nachfolgende Wirtschaftskrise ab 1857, unter der auch der Lokomotivbau zu leiden hatte, versuchte Egestorff durch Ausweitung des Dampfmaschinenbaus aufzufangen. Ein neuer Produktionsrekord für Lokomotiven wurde 1867, dem ersten Jahr nach der Wirtschaftskrise, mit 48 ausgelieferten Einheiten aufgestellt.

Nach Georg Egestorffs Tod im Sommer 1868 verkauften seine Erben die Maschinenfabrik an einen Mann, dem sein Ruf als „Eisenbahnkönig“ vorausging: Henry Bethel Strousberg. Der in Ostpreußen geborene Unternehmer war 1861 in das Eisenbahngeschäft eingestiegen – und hatte innerhalb von acht Jahren über 1.000 Kilometer Bahnlinien in Preußen errichten lassen. Weitere Aufträge folgten: Auch in Russland, Ungarn und Rumänien sollte er nun Eisenbahnstrecken aufbauen. Als Generalunternehmer kümmerte er sich dabei nicht nur um Finanzierung und Schienenbau, sondern auch um die Ausstattung der Bahnlinien mit Lokomotiven und Waggons. Ohne eigene Lokomotivfabrik war Strousberg bisher vom Lok-Lieferanten Borsig abhängig, der ihn durch restriktive Zahlungsbedingungen verärgert hatte. Der Kauf der Egestorff'schen Maschinenfabrik mit eigener Lokomotivproduktion brachte endlich Unabhängigkeit von Borsig. Strousberg rationalisierte die Produktionsabläufe im Lindener Werk durch Normung der Lokomotiven und eine Umstellung von Einzelfertigung auf Massenproduktion. Ein Jahr nach der Übernahme war die Produktionskapazität auf 200 Lokomotiven im Jahr vervierfacht worden und die Maschinenfabrik in Linden zum größten Lokomotivwerk in Deutschland aufgestiegen.

An der Göttinger Straße ließ Strousberg eine Werkssiedlung mit Häusern in nächster Nähe zur Fabrik errichten, um die aus ganz Deutschland angeworbenen Arbeiter unterbringen zu können. „Klein-Rumänien“ wurde die Arbeitersiedlung im Volksmund genannt, denn die von Strousberg enorm gesteigerte Lokomotivproduktion ging größtenteils nach Rumänien.

Das anfangs Erfolg versprechende Rumäniengeschäft entwickelte sich für Strousberg durch verschiedene Probleme (u. a. schwierige Transportverhältnisse der Baumaterialien und Materialmängel) mehr und mehr zu einem Desaster und führte schließlich zum finanziellen Zusammenbruch seines Firmenimperiums. Kurz zuvor – im März 1871 – hatte er seine Lokomotivfabrik in Linden an ein Bankenkonsortium verkauft. Das Unternehmen firmierte nun unter dem Namen Hannoversche Maschinenbau-Actien-Gesellschaft. Den verkürzten Namen Hanomag setzte man erstmals ab 1904 in Telegrammen ein. Ab 1912 fand sich die Kurz-Bezeichnung auch auf den offiziellen Briefbögen.

Anfang des 20. Jahrhunderts war die in Linden beheimatete Hannoversche Maschinenbau-Actien-Gesellschaft der größte deutsche Hersteller von Dampflokomotiven. Die zuverlässigen Hanomag-Produkte verrichteten ihren Dienst bei Bahngesellschaften im In- und Ausland, so u. a. in Preußen, Russland, Bulgarien oder Rumänien. Im Jahr 1901 trat Erich Metzeltin als Oberingenieur in das Lindener Unternehmen ein. Er schaffte es, erstmals auch Kunden in Übersee zu gewinnen. Dabei kamen ihm seine Englischkenntnisse und das große Wissen im Lokomotivbau zugute. Bis 1914 baute Metzeltin, inzwischen Direktor und Vorstandsmitglied der Hanomag, ein weltweites Vertreternetz auf. Fast die Hälfte der Gesamtproduktion ging jetzt in den Export. Hanomag belieferte nahezu alle Länder der Welt – nur Australien und einige Staa-

Henry Bethel Strousberg (1823–1884), der „Eisenbahnkönig".

ten auf dem amerikanischen Kontinent fehlten in der Kundenliste. Auch sein Talent zum Schreiben nutzte Metzeltin: So leitete er die ab 1913 erscheinende Werkszeitung „Hanomag-Nachrichten", verfasste im Jahr 1922 anlässlich der Auslieferung der 10.000. Dampflokomotive das humoristische Werk „Die Lokomotive in Kunst, Witz und Karikatur" und brachte zusammen mit Walter Däbritz die Festschrift „Hundert Jahre Hanomag" heraus.

Mit dem Bau von Tragpflügen mit Benzinmotor, die den Bauern das Umpflügen des Ackerbodens deutlich erleichterten, begann der allmähliche Wandel der Produktpalette: die Abkehr von der Dampfmaschine hin zum Verbrennungsmotor. Während der Dampfmaschinenbau 1928 und der Lokomotivbau 1931 mangels Nachfrage eingestellt wurden, eröffneten die neuen Bereiche Lkw- und Automobilbau gute Entwicklungsperspektiven. Hinzu kamen die im Ersten Weltkrieg entwickelten Raupenschlepper, die nun in Friedenszeiten für Land-, Forst- und Bauwirtschaft gut eingesetzt werden konnten und die Basis für die spätere Hanomag-Baumaschinenproduktion legten.

Werbepostkarte der Hanomag.

Hanomag „Kommissbrot“ vor dem Rathaus, um 1925.

Auf der Automobilausstellung 1924 in Berlin erregte ein besonderes Ausstellungsstück die Aufmerksamkeit des Publikums: der Hanomag 2/10, ein Kleinwagen mit ungewöhnlicher Form und niedrigem Verkaufspreis.

Es war gerade die Zeit, in der immer mehr Menschen Kutsche oder Fuhrwerk durch ein Automobil ersetzen wollten. Zu einem Preis von rund 2.000 Reichsmark war der Zweisitzer mit zehn PS Leistung durchaus erschwinglich – ein Volks-Wagen eben, der erste seiner Art in Deutschland. Weitere Vorteile wie die äußerst günstige Steuerklasse und der niedrige Benzinverbrauch von gerade drei Litern sorgten schon nach kurzer Zeit für großen Absatz. Seine außergewöhnliche Form brachte ihm Namen wie „Kommissbrot" oder „Chausseewanze" ein. Auch in Bezug auf den simplen Aufbau hatte der Volksmund einen Spruch parat: „Ein Kilo Blech, ein Döschen Lack, fertig ist der Hanomag." Trotz der einfachen Konstruktion erwies sich der neue Hanomag-Kleinwagen als sehr robust und stellte seine Leistungsfähigkeit mehrfach bei Motorsportveranstaltungen unter Beweis. Vier Jahre lang, bis 1928, wurde der „erste Volks-Wagen Deutschlands" produziert. Ab 1929 folgten neue, größere Modelle. Der Höhepunkt im Hanomag-Automobilbau war 1934 erreicht, mit der Vorstellung des zeitlos eleganten „Sturm": Ein repräsentatives Fahrzeug mit 6-Zylinder-Motor und 50 PS Motorleistung.

Die Machtübernahme der Nationalsozialisten 1933 verschaffte der Schwerindustrie, so auch der Hanomag, neue Betätigungsfelder. Hitler wollte aufrüsten und förderte den Aufbau der Militärproduktion. In der NS-Zeit ab 1935 wurden Feldhaubitzen, Flakgeschütze und Granaten für die Wehrmacht geliefert. Im dritten Kriegsjahr, 1942, stellte die Hanomag die Zivilproduktion vollkommen ein und produzierte nun ausschließlich für das Militär. Nach der Kapitulation Deutschlands richtete man den Blick nach vorne: Gebäude und Werkstätten wurden soweit hergerichtet, dass sieben Wochen nach Kriegsende die Fertigungsmaschinen in einigen Werkshallen wieder anliefen. Zugmaschinen und Anhänger bildeten den Anfang der Produktion. Keine Fortsetzung hingegen fand der in den 1920er- und 1930er-Jahren erfolgreiche Automobilbau der Hanomag. Der geplante Neubeginn mit dem 1951 vorgestellten Prototypen „Partner" scheiterte an Lizenzschwierigkeiten und den erforderlichen hohen Investitionen. Ab 1951 blieben somit die drei Bereiche Ackerschlepper, Klein-Lastwagen und Baumaschinen übrig.

Im Jahr 1952, die Hanomag hatte nun fast 6.300 Mitarbeiter, suchte man zwecks Weiterentwicklung einen finanzkräftigen Partner, den man in der Rheinstahl-Union fand. Diese Partnerschaft sollte bis 1970 anhalten. Die kommenden 13 Jahre verliefen für die Hanomag durch mehrere Besitzerwechsel ziemlich turbulent. Mit Übernahme sämtlicher Aktienanteile wurde 1970 die Daimler-Benz AG Eigentümer der Hanomag, verkaufte sie aber bereits 1974 an Massey-Ferguson weiter, einen Landmaschinen- und Motorenhersteller. Der nächste Besitzerwechsel kam 1979 mit dem von Horst-Dieter Esch gegründeten Baumaschinenkonzern IBH, der 1983 Konkurs anmelden musste.

Baumaschine von Hanomag-Komatsu.

Dies bedeutete auch für die Hanomag das Aus: Im März 1984 wurden die Werkstore geschlossen. Nach fieberhafter Suche konnte das Management schließlich mit dem langjährigen Hanomag-Kunden Günther Papenburg und weiteren Unternehmern Geldgeber gewinnen, um die Hanomag am Leben zu erhalten. Noch im gleichen Jahr lief die Produktion wieder an. Das Management schaffte mit der folgenden Umstrukturierung zwar die Wende, es fehlten aber weitere Geldmittel für neue Fertigungstechnologie. So übernahm 1989 ein weltweit präsenter Baumaschinenhersteller das Steuer: die japanische Komatsu. Bis heute hält die Ehe, da sich beide Unternehmen gut ergänzen. Als Produktionsstätte von Radladern und als Vertriebspartner für alle Komatsu-Baumaschinen ist die Hanomag fester Bestandteil des Komatsu-Konzerns.

Weiterführende Literatur:
Horst-Dieter Görg: Pulsschlag eines Werkes. 160 Jahre Hanomag, Soltau 1998.

STREIFZUG 6

Hannovers erster Zivilflughafen: der HAWA-Werksflugplatz

Die Maschine erhob sich nur widerwillig. Knapp einen Meter über dem Boden, höher ging es einfach nicht. Nach 18 Metern setzte sie wieder auf. So verlief der erste Flug des hannoverschen Luftfahrtpioniers Karl Jatho im August 1903 in Vahrenheide. Lokalpatrioten bezeichnen diesen Flug gerne als ersten der Menschheitsgeschichte, denn die Gebrüder Wright absolvierten erst vier Monate später ihre weltbekannt gewordenen Flugversuche. Als in Hannover später regelmäßig Flugzeuge für die zivile Luftfahrt starteten und landeten, taten sie das allerdings an einer anderen Ecke der Stadt – auf einem Werksgelände am heutigen Tönniesberg.

Zu Jathos Zeit ahnte noch niemand, dass das neue Fortbewegungsmittel schon bald Passagiere transportieren könnte. Fünfzehn Jahre später waren aus fragilen Flugapparaten deutlich leistungsfähigere Flugzeuge geworden. Besonders im Ersten Weltkrieg entstanden auf den Reißbrettern der Konstrukteure unter hohem Druck immer leistungsfähigere Maschinen. Nach Kriegsende gab es für die in tausendfacher Anzahl produzierten Militärflugzeuge keine Verwendung mehr. Kurzerhand baute man sie um: Auf dem hinteren Sitz, wo vorher Beobachter oder Bombenschützen gesessen hatten, nahmen nun Fluggäste Platz.

Als erste Fluggesellschaft der Welt ging die von AEG gegründete Deutsche Luftreederei (DLR) am 8. Januar 1919 an den Start. Neben Zeitungen, Post und Fracht flogen die Piloten der DLR auch Passagiere zwischen den Städten. In Hannover bot sich für den beginnenden Luftverkehr der ehemalige Flug- und Exerzierplatz in der Vahrenwalder Heide an. Hier hatte Karl Jatho seine Flugversuche durchgeführt, und für die im Krieg stationierte Fliegertruppe waren Flugzeughallen und Infrastruktur errichtet worden. Beste Voraussetzungen für einen Zivilflughafen, aber der Versailler Friedensvertrag verbot erst einmal jegliche Nutzung. Denn der Platz war als militärisches Objekt eingestuft. So blieb nur eine Alternative: ein Werkslandeplatz der Lindener Firma HAWA. Die Hannoversche Waggonfabrik – kurz HAWA – hatte neben Eisen- und Straßenbahnwaggons ab 1917 auch Militärflugzeuge gebaut, die von Testpiloten auf einem Gelände neben den Produktionshallen eingeflogen wurden. Mit diesem kleinen Flugplatz musste die DLR nun vorlieb nehmen und begann am 15. April 1919 den planmäßigen Luftverkehr auf der Strecke Berlin–Braunschweig–Hannover/Linden–Gelsenkirchen. 450 Mark kostete anfangs ein Flugticket nach Berlin – viel Geld für einen Normalbürger. So nutzten hauptsächlich eilige Geschäftsleute und höhere Regierungsbeamte das neue Verkehrsmittel. Die Bahn war nicht nur langsamer, sondern fiel aufgrund von Streiks öfter aus.

Für die ehemaligen Kriegspiloten war das Fliegen regelmäßiger Verbindungen ein Novum und stellte sehr hohe Anforderungen an Mensch und Material. Bei gutem wie bei schlechtem Wetter ging es in die Luft. Da die Piloten ausschließlich nach Sicht

In den Anfängen der Zivilluftfahrt flogen Passagiere in offenen Sitzen und mussten deshalb dicke gefütterte Lederschutzmonturen gegen die Kälte tragen. Links der Flughafendirektor, zwischen den beiden Passagieren der Pilot.

Der HAWA-Werkslandeplatz diente anfangs als Ausgangspunkt für den hannoverschen Zivilluftverkehr. Gestartet und gelandet wurde auf Gras.

flogen, mussten sie tief hängende Wolken unterfliegen – manchmal so tief, dass das Flugzeug schon fast die Baumwipfel streifte. Die Piloten hatten aber nicht nur gegen Wind und Wetter zu kämpfen, sondern auch mit der Technik. Die vom Kriegseinsatz abgenutzten Flugmotoren versagten des Öfteren ihren Dienst. Dann hieß es: Außenlandung auf einem Feld oder Acker. Von dort mussten die Passagiere zu Fuß den nächsten Bahnhof ansteuern und mit der Eisenbahn ihre Reise fortsetzen. Immerhin bezahlte die Fluggesellschaft das Bahnticket für die erste Klasse.

Fliegen war zu dieser Zeit noch Abenteuer. Vor dem Flug war es üblich, dass Passagiere und Pilot stolz vor dem Flugzeug posierten und sich fotografieren ließen. Da auch die Passagiere in offenen Sitzen saßen und damit Wind, Wetter und schneidender Kälte ausgesetzt waren, trugen sie Schutzkleidung: schwere gefütterte Lederjacken, dicke Handschuhe, Pelzstiefel, Fliegermützen und Schutzbrillen. In dieser Montur konnten sie sich nur ungelenk bewegen, zwei starke Männer wuchteten sie deshalb auf die Plätze im Flugzeug. Nach dem Start und während des Fluges schüttelten Turbulenzen die kleinen Maschinen heftig durch – nichts für empfindliche oder ängstliche Gemüter. Die Landung brachte endlich wieder festen Boden unter den Füßen. Mit wackeligen Knien, noch ganz benommen vom Motorenlärm, entstiegen die vermummten Fluggäste dem modernsten Transportmittel der Welt.

Auch die HAWA wollte nun vom kleinen Flugplatz Hannover-Linden regelmäßige Linienflüge anbieten – mit wesentlich höherem Komfort. Denn die Fabrik hatte vorausschauend schon in den letzten Kriegsmonaten ein Verkehrsflugzeug mit geschlossener Passagierkabine und gepolsterten Sitzen entwickelt. Der Prototyp flog bereits, als sich die HAWA an die Fluggesellschaft Deutscher Luft-Lloyd wendete. Dem Konkurrenten der DLR bot sie an, die Streckenflüge gemeinsam zu betreiben. Geplant waren vorerst Flüge nach Travemünde und Bremen. Auch Goslar sollte von Hannover aus angebunden werden – mit anschließenden Rundflügen über den Harz. Inzwischen hatten die alliierten Siegermächte weitgehende Bauverbote für deutsche Flugzeuge erlassen, um den Aufbau einer deutschen Luftstreitkraft zu verhindern. Neuentwickelte Flugzeuge und viele der alten Kriegsmaschinen mussten abgeliefert werden und wurden zerstört, auch der (zivile) Prototyp der HAWA. Damit waren die Pläne der HAWA gescheitert. Der Deutsche Luft-Lloyd steuerte nun mit eigenen Flugzeugen das Gelände in Linden an.

Obwohl die damals noch eigenständige Stadt Linden versuchte, den Flugplatz nach Kräften zu unterstützen, fehlten ihr doch die Mittel zum Ausbau. 1,5 Millionen Goldmark wären erforderlich gewesen, um die entsprechende Infrastruktur für den schnell wachsenden Luftverkehr aufzubauen. Eine Summe, die der Lindener Magistrat nicht aufbringen konnte. So flogen zivile Passagiermaschinen ab 1923 auch den Flugplatz in der Vahrenwalder Heide an. Dort eröffnete der Aero Lloyd mit der Strecke Berlin–Hannover–Rotterdam–London die erste internationale Verbindung, einmal täglich landete eine Maschine der Fluggesellschaft in Vahrenwald. Die offizielle Genehmigung als Verkehrslandeplatz bekam der Flugplatz in der Vahrenwalder Heide im Jahr 1926.

Der HAWA-Flugplatz hatte nun seinen Nutzen verloren. Das Gelände kaufte die Stadt Hannover 1930 auf und errichtete dort einen Nutz- und Zuchtviehhof.

STREIFZUG 7

Gasbeleuchtung für Hannover: Deutschlands erstes Gaswerk in der Glocksee

Schon seit vielen Jahrhunderten versuchte man, mit Beleuchtung die nächtlichen Straßen zu erhellen. Große Städte wie Paris stellten im 17. Jahrhundert großflächig Laternen auf. Um 1690 besaß auch Hannover eine Straßenbeleuchtung. Etwa 300 Laternen flackerten – mit Rüböl gespeist – in der Altstadt. Das spärliche Licht sorgte allerdings kaum für hellere Straßen. Während der Sommermonate und bei Mondschein setzte man die Beleuchtung gar nicht erst in Betrieb – denn die Umgebung war heller als die Lampen selbst. Über die spärliche Beleuchtung beklagten sich viele hannoversche Stadtbewohner. In dunklen Abendstunden unterwegs zu sein war ein unsicheres Unterfangen. Trotz patrouillierender Nachtwächter wurde so mancher Spaziergänger Opfer von Räubern, die in dunklen Gassen auflauerten. Knapp hundert Jahre später stellte Hannover die Lampen von Rüböl auf Talg um, der etwas mehr Licht spendete. Die Provinzialregierung aber urteilte auch über diese Beleuchtung, sie sei nutzlos und „mehr eine Dekoration der Straßen".

Zu Beginn des 19. Jahrhunderts wurde erstmals in England eine neue Technik eingesetzt: die Gasbeleuchtung. Aus Kohle erzeugte man in speziellen Gaswerken brennbares Gas, das durch ein Rohrnetz zu den Straßenlaternen geleitet wurde. Ab 1813 nutzten immer mehr englische Städte Gas für ihre Straßenbeleuchtung. Die hannoverschen Stadtväter interessierten sich für die neue Technik. Sie wandten sich an die englische Imperial Continental Gas Association (ICGA), die 1924 mit dem Ziel gegründet worden war, europäische Städte mit Leuchtgas zu versorgen. Eigens aus London reiste der Vertreter der Gasgesellschaft, Generalmajor Sir William Congreve, an und stellte das englische System der Gasstraßenbeleuchtung vor. Sein Argument, dass Gaslampen bei etwa gleichen Betriebskosten zwei- bis dreimal heller seien als die bisher eingesetzten Talglampen, überzeugte die Entscheidungsträger. So schloss der Magistrat der königlichen Residenzstadt Hannover am 26. Februar 1825 mit der ICGA einen Vertrag über 20 Jahre, um Hannover mit Gaslicht zu versorgen. Die Gasgesellschaft verpflichtete sich, alle notwendigen Konstruktionen für die Beleuchtung der Stadt selbst zu errichten. Dafür erhielt sie das Recht, produziertes Gas auch an Unternehmen und Privathaushalte verkaufen zu dürfen.

Der Bau einer Gasanstalt, die zur Erzeugung und Speicherung des Leuchtgases benötigt wurde, weckte allerdings Befürchtungen in der Bürgerschaft: Es bestünde Explosionsgefahr, schlimme Gasgerüche und starke Luftverschmutzung würden die

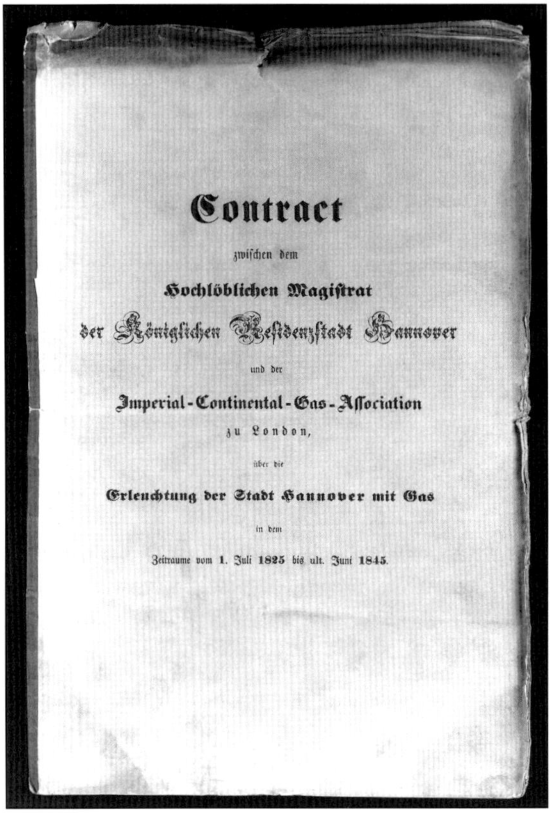
Contract

zwischen dem

Hochlöblichen Magistrat

der Königlichen Residenzstadt Hannover

und der

Imperial-Continental-Gas-Association

zu London,

über die

Erleuchtung der Stadt Hannover mit Gas

in dem

Zeitraume vom 1. Juli 1825 bis ult. Juni 1845.

Der Vertrag aus dem Jahre 1825 „über die Erleuchtung der Stadt Hannover mit Gas".

Umgebung unbewohnbar machen. Um diese Bedenken zu zerstreuen, suchte die ICGA für ihr Gaswerk einen Standort außerhalb der Stadt. Nach längeren Verhandlungen erwarb man vom Hofkalklieferanten Johann Egestorff ein Grundstück in der Glocksee im Gemeindegebiet Linden.

Innerhalb von drei Monaten entstand dort ein Gaswerk, das die Laternen in Hannovers Altstadt mit Gas versorgte. Der Probebetrieb startete zum Geburtstag König Georgs IV. am 12. August 1826, bevor regulär ab dem 2. September die Straßen beleuchtet wurden. Die Bevölkerung war begeistert, das „Hannoversche Magazin" schrieb: „Jubel und Freudenrufe begrüßten das schöne reine Licht ... Die düsteren Winkel und Schattenstellen sind nun verschwunden." Vom Heisterberg und später vom Deister brachten Pferdefuhrwerke nun Tag für Tag Kohle heran, die in den neun Öfen der Gasanstalt in Leuchtgas umgewandelt wurden. Die erste Gasanstalt Deutschlands hatte ihren Betrieb aufgenommen – in Linden. Die anfängliche Euphorie über die neue Beleuchtung kühlte merklich ab, als technische Probleme auftauchten: Im Winter 1826/27 froren Gasrohre ein, die Straßenlaternen fielen teilweise aus. Der bei der hannoverschen Stadtverwaltung äußerst unbeliebte Leiter des Gaswerks, Ingenieur Leonard Drory, wurde nach Berlin versetzt. 1833 übernahm Ernst Körting die technische

Leitung. Mit ihm kam der Name Körting nach Hannover und Linden: Zwei seiner Söhne gründeten die später weltbekannt gewordene Firma Gebrüder Körting. Der dritte Sohn Leonhard folgte seinem Vater 1878 auf den Direktorensessel der Gasanstalt. Leonhard Körting berichtete über den schwierigen Job seines Vaters, der teilweise von morgens bis spät in die Nacht andauerte: „Wohl 6 bis 8 Jahre lang war mein Vater der einzige Beamte der Gasanstalt. Das einzigste, was er nicht zu tun brauchte, war das Einziehen der Gasgelder.“ Noch härter und nicht immer ungefährlich war die Tätigkeit im Gaswerk selbst. In der glühenden Hitze an den Öfen verrichteten schweißgebadete Feuerarbeiter schwerste Arbeiten.

Der Ausbau der hannoverschen Straßenbeleuchtung schritt voran. Unternehmen und Privatleute setzten nun ebenfalls auf die Gasbeleuchtung: In immer mehr Fabrikhallen, Büros und Wohnhäusern brannte das helle Licht. Der Gasverbrauch stieg kontinuierlich an und machte Erweiterungen der Gasanstalt erforderlich. 1852 wurden Gasmesser zur exakten Verbrauchsbestimmung eingeführt. Eine wesentliche Verbesserung, denn bis jetzt war diese Aufgabe aufwendig von Agenten der Gasgesellschaft erledigt worden: Sie hatten nachts kontrolliert, ob die Lichter der Gaskunden gelöscht waren. Denn bezahlt hatten die Kunden je nach Vertrag nur bis 21, 22 oder 23 Uhr. 1854 stellte man auch in Linden die Straßenbeleuchtung nach und nach auf Gas um. Arbeiter verlegten dazu eine Hauptgasleitung über die Ihmebrücke am Schwarzen Bären. Ab

Arbeiter der Gasanstalt in der Glocksee, um 1900.

Die Gasanstalt in der Glocksee, um 1900. Die Eisenbahnbrücke über die Ihme diente für die Kohlentransporte vom nahe gelegenen Güterbahnhof Küchengarten.

1873 nutzte das Gaswerk den neuen Güterbahnhof Küchengarten für die Kohlelieferungen, die inzwischen aus dem Ruhrgebiet kamen. Vom Bahnhof transportierte man die angelieferte Kohle per Drahtseilbahn über die Ihme zum Gaswerk. Die Drahtseilbahn hatte allerdings ihre Tücken: Öfters riss das Zugseil oder Kohlestücke fielen aus den Transportwagen. 1892 stellte man deshalb den Betrieb ein und baute eine Eisenbahnbrücke über den Fluss.

Ende des 19. Jahrhunderts bekam die Gasbeleuchtung mit dem elektrischen Licht Konkurrenz. Jetzt musste verstärkt Werbung für Gas gemacht werden: In Anzeigen pries man neu entwickelte gasbetriebene Koch- oder Backapparate und Warmwasserbereiter für das Badezimmer. In Linden allerdings blieb die Gasnachfrage durch die vielen großen Fabriken ungebrochen. So entstand 1911/12 am Bauweg ein zusätzliches Gaswerk. Zu Beginn des Ersten Weltkriegs übernahm die Stadt Hannover die Verwaltung des englischen Gaswerks in der Glocksee und kaufte es 1918 der Imperial Continental Gas Association ab. 1930 stellte Hannover auf Ferngasversorgung um. Das Gas bezog man nun günstig aus großen Kokereien im Ruhrgebiet und benötigte das Gaswerk an der Glocksee nicht mehr. Es wurde nach 104 Betriebsjahren stillgelegt, nicht aber die Gasbehälter zur Speicherung des Gases, die noch einige Jahrzehnte in Betrieb blieben. Erst im Jahr 1983 verschwanden die letzten Gaslampen aus Hannovers Straßen.

STREIFZUG 8

Familienunternehmen in fünfter Generation: Körting liefert Qualitätstechnik

Ob in der Industrie, in der Umwelttechnik oder auf hoher See – in vielen Bereichen und überall auf der Welt werden Produkte der Körting Hannover AG eingesetzt. Mit Strahlpumpen begann vor 140 Jahren das Geschäft. Bescheiden waren die Anfänge der heute weltweit agierenden Firma: Im Jahr 1871 gründeten die Brüder Ernst und Berthold Körting den Betrieb in einer kleinen Werkstatt in der Joachimstraße in Hannover. Ingenieur Ernst Körting entwickelte wenige Jahre später den „Universalinjektor", den er patentieren ließ. Auf dessen Grundlage entwickelte sich die gesamte spätere Strahlpumpentechnik, die auch heute ein Kernbereich von Körting ist. Da die Strahlpumpen ohne mechanischen Antrieb arbeiten, waren sie häufig kostengünstiger im Einsatz als herkömmliche Pumpen. Die Betriebe mussten allerdings erst von der neuen Technik überzeugt werden. Diese Aufgabe übernahm Berthold Körting, von Beruf Kaufmann. Und zwar so erfolgreich, dass der kleine Werkstattbetrieb für die Ausweitung der

Die Firmengründer Ernst und Berthold Körting.

Die Ansicht aus dem Jahr 1890 zeigt das Körting-Werk.

Produktion in einen neuen Fabrikbau hinter dem hannoverschen Hauptbahnhof an der Celler Straße umzog.

Der ideenreiche Ingenieur Ernst Körting erweiterte die Produktpalette immer weiter. Gebaut wurden nun auch Lenzpumpen, Strahlkondensatoren und Motoren. Eine eigene Eisen- und Metallgießerei stellte Rippenheizkörper her. Bald stießen auch die Produktionsanlagen in der Celler Straße an ihre Grenzen und so fiel der Beschluss, in den Großraum Linden zu ziehen. Südwestlich der damals eigenständigen Stadt Linden entstand ab 1889 auf freiem Feld entlang der Badenstedter Straße ein Werk mit 120 Angestellten und 1.000 Arbeitern. Ein direkter Eisenbahnanschluss zum Bahnhof Küchengarten sorgte dafür, dass Rohstoffe zum Werk transportiert werden konnten und fertige Produkte die Werkshallen auf dem Schienenweg verließen. Auch die meisten Stammarbeiter, die noch in der Nähe der alten Fabrik an der Celler Straße wohnten, kamen mit Arbeitersonderzügen vom hannoverschen Hauptbahnhof. 1894 verbesserte sich die Verkehrsanbindung, eine elektrische Straßenbahnlinie führte direkt an der Fabrik vorbei.

Die Brüder Körting engagierten sich auch für die sozialen Belange ihrer Mitarbeiter. Lange bevor es gesetzliche Vorschriften gab, richteten sie in der Fabrik eine Krankenkasse ein. Ärztliche Hilfe während der Arbeitszeit stand täglich zur Verfügung, ebenso unentgeltliche Badeeinrichtungen mit Brause- und Wannenbädern für die Arbeiter. Das Mittagessen konnte in einer Kantine ohne „Verzehrszwang" eingenommen werden, sodass viele Ehefrauen ihren Männern in der Mittagspause warmes Essen vorbeibrachten. Für die besser verdienenden Angestellten gab es das „Beamtenspeisehaus", ein

Restaurant mit Bedienung. Anfang der 1890er-Jahre entstand auch eine Arbeitersiedlung nahe der Fabrik, die unter dem Namen „Körtingsdorf" amtlich eingetragen wurde.

Körtings Produkte wurden nun zunehmend in alle Welt geliefert, die Qualität „Made in Germany" überzeugte. Auch der neue Geschäftszweig Diesel- und Otto-Motoren feierte Erfolge. Ein besonderes Jahr war 1909. Ein mit Körting-Motoren ausgestattetes Luftschiff stellte mit 72 km/h einen Geschwindigkeits-Weltrekord auf. Auch die Gebrüder Wright, erstmals in Deutschland, führten in Berlin-Tempelhof ihr weiterentwickeltes Fluggerät vor – mit einem 40-PS-Körting-Flugmotor. Im gleichen Jahr hielt die Firma mit einem ihrer Motoren und mit 1.650 Metern den Höhen-Weltrekord für Flugzeuge und den Weltrekord von U-Booten mit der längsten ununterbrochenen Überwasserfahrt.

Im Jahr 1932, mitten in der Weltwirtschaftskrise, trennte sich Körting vom Motorenbau und dem Heizungsgeschäft. Man konzentrierte sich auf Strahlpumpen und Feuerungstechnik. Im Zweiten Weltkrieg wurden die Werkstätten durch Fliegerangriffe größtenteils zerstört. Nach Kriegsende demontierten die Alliierten militärische Anlagen. Es gab Produktionsverbote für bestimmte Industrien, die für Rüstungszwecke genutzt werden konnten. Körting erhielt im Juli 1945 von den Alliierten eine begrenzte Arbeitsgenehmigung. Mit Reparaturaufträgen und Zulieferungen für die wenigen von der Besatzungsmacht geduldeten Industrien wie Zuckerfabriken oder Kraftwerke wurde der Betrieb wieder aufgenommen.

Flugzeug der Gebrüder Wright mit 40-PS-Körting-Flugmotor, 1909.

Moderne Produktion bei Körting. Mit maßgeschneiderten Lösungen, großer Flexibilität und hoher Produktqualität überzeugt die Körting AG immer wieder Kunden in aller Welt. Auf dem Bild sieht man die Herstellung einer Eiskondensationsanlage.

1953 erfolgte die Aufhebung der Mineralölbewirtschaftung. Nun konnte dieser Grundstoff wieder für die Wärmeerzeugung eingesetzt werden. Ausländische Ölbrenner-Firmen drängten auf den deutschen Markt, der sich rasant entwickelte. Um auf diesem Gebiet mitzumischen, gründete die Körting AG die Tochtergesellschaft Körting Oel- und Gasfeuerung GmbH. Mit seiner Kompetenz konnte Körting in kurzer Zeit die ausländische Konkurrenz überholen. Körtings Öl- und Gasbrenner kamen sowohl in kleinsten Heizungskesseln zum Einsatz als auch in großen industriellen Anlagen wie z. B. Lacktrocknungsstraßen bei VW, Daimler-Benz oder Alfa Romeo.

In der Folgezeit wurde die Produktpalette immer weiter angepasst und erweitert. So entwickelte Körting aus dem Strahlpumpenprinzip u. a. Gaswaschanlagen, die zur Reinigung industrieller Abgase eingesetzt werden. Trotz der enormen technischen Weiterentwicklung seiner Produkte ist bei Körting eines in all den Jahrzehnten gleich geblieben: die hohe Produktqualität. Heute ist Körting Spezialist in den Bereichen Abgasreinigung/Umwelttechnik, Industrie-/Feuerungstechnik und – natürlich – Strahlpumpen.

Körtingsdorf – die Arbeitersiedlung

Anfang der 1890er-Jahre legten die Körting-Brüder den Grundstein für eine Arbeitersiedlung nahe ihrer Fabrik. Den Arbeitern und Angestellten sollte es ermöglicht werden, in gesunden Wohnverhältnissen zu leben – nicht in den engen und dunklen Arbeiterquartieren, die in Linden vorherrschten. Gleichzeitig wollte man mit der Siedlung Fachkräfte und Arbeiter besser an das Unternehmen binden. Die Arbeitersiedlung nahe der Fabrik sollte mit 75 Doppelhäusern, einer Schule, einem Krankenhaus und zahlreichen Versorgungseinrichtungen etwa die Hälfte der Belegschaft samt Familien aufnehmen. Die Planungen wurden in dieser großen Dimension nie verwirklicht. Insgesamt entstanden rund 20 zweistöckige Häuser und eine Schule für 120 Kinder. 1895 wurde die Siedlung unter dem Namen „Körtingsdorf" amtlich eingetragen. Heute erinnern noch zwei erhalten gebliebene Häuser und der Straßenname Körtingsdorf an die Arbeitersiedlung.

Wie die Wohnverhältnisse in diesen Häusern waren, geht aus einer Familienchronik von Harald Bange hervor. Als Kind lebte Bange in Linden, oft besuchte er seinen Großvater, der bei Körting als Werkmeister arbeitete und in

Eines der letzten zwei erhaltenen Häuser der Arbeitersiedlung in Badenstedt.

Körtingsdorf eine Wohnung hatte. „Das Wohnangebot war mit 65 Quadratmetern für die damaligen Verhältnisse überaus großzügig", schreibt Bange. Zu jedem Haus gehörten Ställe für Kleinviehhaltung und Gartenland von ca. 500 Quadratmetern Größe zur Selbstversorgung.

„Ungewöhnlich war, dass viele Räume der Wohnung im allgemein zugänglichen Treppenhausflur endeten", schildert Bange. So musste man von einem Zimmer zuerst durch die Tür zum Treppenhausflur gehen, um von dort durch eine andere Tür ins Wohnzimmer zu gelangen. Begründet wurde dieses Konzept damit, dass Fläche gespart werden konnte, die dann den Wohnräumen zugeschlagen wurde. Die relativ große Küche verfügte über 16 Quadratmeter Fläche und einen Kohleherd, den die Bewohner z. T. mit Holz aus dem Garten befeuerten. Auch im Wohnzimmer stand ein Kleinofen, der allerdings – weil unterdimensioniert – wenig Wärme spendete. Im Winter waren die Räume recht kalt, da das freistehende Haus den eisigen Winden voll ausgesetzt und nicht wärmeisoliert war. Bange erwähnt in der Chronik auch noch den großen Gewölbekeller des Hauses mit gestampftem Lehmboden. Dort lagerte sein Großvater immer seinen Obstwein.

IV

LINDENER ARBEITER

STREIFZUG 9

Die Arbeiterbewegung

Viele soziale Errungenschaften sind in der modernen Arbeitswelt verankert. Was heute selbstverständlich erscheint, musste lange Zeit hart erkämpft werden. Noch vor 150 Jahren schufteten Fabrikarbeiter 14 Stunden am Tag, der geringe Lohn reichte gerade zum Überleben. Kranken- und Rentenversicherung, Arbeitsschutz, gleiches Wahlrecht für alle – Mitte des 19. Jahrhunderts einfach undenkbar. Um diese menschenunwürdigen Bedingungen zu ändern, organisierten sich viele Werktätige. Sie gründeten Interessenvereine, Gewerkschaften und politische Parteien. Die Arbeiterbewegung entstand. Auch Linden wurde von dieser Entwicklung erfasst. Der einst idyllische Villenvorort

Sie kämpfte für mehr Arbeiterrechte: die 22. Abteilung der SPD in Linden.

Vorkämpfer des Sozialismus

Serie I Bild 59

HEINRICH MEISTER

** 2. Oktober 1842 zu Hildesheim.*
† 5. April 1906 zu Hannover.

Meister war Zigarrenmacher. Seiner gewerkschaftlichen Organisation und dem Allgemeinen deutschen Arbeiterverein hatte er sich schon in ganz jungen Jahren angeschlossen. Seine zähe Kämpfernatur, seine reichen organisatorischen Fähigkeiten verhalfen der Partei von Sieg zu Sieg. Selbst unter dem Ausnahmegesetz wurde Meister für Hannover-Linden in den Reichstag gewählt. Er gehörte dem Fraktionsvorstand und der Kontrollkommission an und hat es in seinem reichen Wirken nie an Opfermut und leuchtendem Beispiel fehlen lassen.

Eifro-Zigarettenvertrieb, München

Heinrich Meister, der erste aus Linden in den Reichstag gewählte SPD-Abgeordnete auf einer Sammelkarte des Eifro-Zigarettenvertriebs.

Hannovers hatte sich bis 1860 zu einem bedeutenden Industriestandort entwickelt, der immer mehr Menschen auf der Suche nach Arbeit anzog. Schon bald stellten Arbeiter in Linden den größten Teil der Bevölkerung und engagierten sich auf vielfältige Weise in der Arbeiterbewegung. Die kämpferische Tradition der Arbeitereltern übertrug sich auch auf die Kinder, die von Kindesbeinen an politisch geprägt wurden.

Daran erinnert ein Ehrengrab auf dem alten Limmer Friedhof an der Hardenberger Straße. Unter einem Steinobelisken liegt Johann Claus Knieriem begraben. Der junge Fabrikarbeiter engagierte sich bei den Wahlkampfvorbereitungen zur Reichtagswahl 1884 für den sozialdemokratischen Kandidaten Heinrich Meister. Ein gefährliches Unterfangen. Denn sozialdemokratische Aktivitäten waren seit 1878 durch das „Sozialistengesetz" verboten, um größere Mitspracherechte der Arbeiter zu verhindern.

Knieriem, für die SPD tätig, wurde wegen seiner Aktivitäten von Gendarmen verfolgt. Laut Überlieferung jagten sie ihn ins kalte Wasser der Leine. An den Folgen, einer Unterkühlung mit Gehirnentzündung, verstarb Knieriem einen Tag später. Zu seinem Begräbnis widmeten ihm Freunde und Parteigenossen besagten Steinobelisken, versehen mit folgender Inschrift:

„Er wollte Friede, Freiheit und Recht, daß keiner sei des anderen Knecht, daß Arbeit aller Menschen Pflicht, daß keinem es an Brot gebricht."

Egon Kuhn, damaliger Leiter des Freizeitheims Linden, nahm diese Geschichte zum Anlass, mehr über die Arbeiterbewegung zu erfahren. Das Projekt „Zeitzeugen der Arbeiterbewegung – von Kindesbeinen an" startete. Ein Team des Freizeitheims stieß bei

Das Ehrengrab von Johann Claus Knieriem auf dem alten Friedhof in Limmer.

seiner Recherche auf Zeitzeugen aus Linden, deren Leben durch die Arbeiterbewegung geprägt worden war. Die befragten Personen, alle Anfang des 20. Jahrhunderts geboren, berichteten über ihre Erlebnisse in bewegten Zeiten: die Jugend in der Weimarer Republik, den Kampf gegen aufkommenden Faschismus, den Widerstand während der Hitler-Diktatur. In einer Dokumentation wurden die Ergebnisse veröffentlicht.

Eine wichtige Säule der Arbeiterbewegung waren die Arbeiterbildungsvereine. Sie wurden als Tarnorganisationen gegründet, in denen die Mitglieder verdeckt für ihre politischen Ziele kämpfen konnten, denn sozialdemokratische Organisationen wurden unter Reichskanzler Bismarck verfolgt und häufig verboten. In den Arbeiterbildungsvereinen hatten die Mitglieder aber auch die Möglichkeit zu verschiedensten Freizeitaktivitäten. So gab es z. B. Gesangvereine, Turnabteilungen, Arbeiterradvereine.

In den 1920er-Jahren waren bei Arbeiterkindern und Jugendlichen die neu entstehenden Organisationen wie die sozialistische Arbeiterjugend, die Kinderfreunde oder die Roten Falken sehr beliebt. August Holweg, ehemaliger Oberbürgermeister von Hannover, berichtet als weiterer Zeitzeuge über seine Jugendzeit: „In der sozialistischen Arbeiterjugend gab es nicht nur politische Vorträge, sondern auch Volkstanzabende,

Aktiv im Widerstand gegen das NS-Regime: Werner Blumenberg (links) und Franz Nause aus der Sozialistischen Front.

Gesellschaftsspiele und Wanderungen.“ Besonders Interessierte hatten die Möglichkeit, sich durch politische Diskussionsgruppen auf die Parteiarbeit vorzubereiten – so auch der junge August Holweg.

Schon kurz nach der Machtergreifung begann Hitler mit der systematischen Zerschlagung der Arbeiterbewegung. Organisationen und politische Parteien, die der NS-Ideologie entgegenstanden, wurden aufgelöst oder gleichgeschaltet. Trotz Verboten, Terror und Verfolgung organisierte sich Widerstand. In Hannover bildete die SPD-nahe Sozialistische Front die größte Widerstandsgruppe. Bis 1936 wuchs sie auf etwa 1.000 Mitglieder an, bevor ein eingeschleuster Spitzel der Gestapo fast alle Widerstandskämpfer auffliegen ließ. Viele wurden zu langen Gefängnis- und Zuchthausstrafen verurteilt. Politische Gegner der Faschisten, die durch Exil, Untertauchen oder im Gefängnis das Nazi-Regime überlebt hatten, begannen schon kurz nach Kriegsende mit dem Wiederaufbau demokratischer Parteien und des Staates.

Der Arbeitersport – vom Turnverein zur Massenbewegung

Ein Boom setzte Ende des 19. Jahrhunderts in ganz Deutschland ein: Es entstanden immer mehr Arbeiter-Turnvereine. Was veranlasste die Werktätigen, eigene Sportvereine zu gründen? Da war zum einen der harte Arbeitsalltag mit einseitiger Belastung, der den Wunsch nach Ausgleich förderte. Zum anderen waren Arbeiter in den vielen bürgerlichen Sportvereinen nicht gern gesehen. Manche bürgerliche Vereinssatzung verbot gar den Beitritt von Werktätigen. Die Lösung, eigene Arbeiter-Sportvereine zu gründen, lag also nahe. Dass dies erst Ende des 19. Jahrhunderts in breitem Rahmen geschah, lag schlicht und einfach an der restriktiven Gesetzgebung der damaligen Zeit: Im deutschen Kaiserreich verbot das „Sozialistengesetz" sozialistische und sozialdemokratische Organisationen und deren Aktivitäten. Darunter fielen bei strenger Auslegung auch Arbeiter-Sportvereine. Erst mit der Abschaffung des „Sozialistengesetzes" im Jahr 1890 eröffneten sich neue Möglichkeiten. Nun erfasste eine Gründungswelle von Arbeiter-Sportvereinen ganz Deutschland.

Weitere Informationen:
Geschichtswerkstatt im Freizeitheim Linden, Windheimstr. 4, 30451 Hannover
Öffnungszeiten: montags 10 bis 12 Uhr und nach telefonischer Absprache unter Tel. (0511) 2107125.

STREIFZUG 10

Wie Lindener Arbeiter wohnten: Leben in der Kochstraße

Wäsche hängt auf quer gespannten Leinen und flattert im Wind. Spielende Kinder laufen auf den Straßen. Entlang der Gassen reihen sich kleine betriebsame Geschäfte und Gaststätten aneinander. Aus den Fenstern der Wohnhäuser lehnen ältere Frauen und schauen dem Treiben zu. Eine Beschreibung mediterraner Atmosphäre? Nein, das Leben in der Kochstraße vor 90 Jahren. Um diese Zeit wieder lebendig werden zu lassen, startete das Freizeitheim Linden im Jahr 1983 das Projekt „Wir aus der Kochstraße". Fast drei Jahre lang wurden Informationen zusammengetragen und viele Zeitzeugen befragt. Das Ergebnis war eine Dauerausstellung, die noch heute Besucher über das frühere Arbeiterleben in Linden informiert.

1874 wurde die Kochstraße angelegt, um eine Verbindung zwischen der parallel verlaufenden Limmer- und Elisenstraße zu schaffen. Die meisten Gebäude entstanden erst um die Jahrhundertwende, da Konflikte bei der Bauplanung zu Verzögerungen geführt hatten. In den Häusern siedelten sich hauptsächlich Arbeiterfamilien an. Nur den vorderen Abschnitt der Kochstraße zur Limmerstraße bewohnten – wegen höherer Mieten – selbstständige Handwerker und Geschäftsleute.

Die Wohnungen in der Kochstraße hatten eine Größe von etwa 50 Quadratmetern und bestanden meist aus zwei Kammern, Stube, Küche und Diele. Für eine Arbeiter-

Kinder aus der Kochstraße.

familie mit zwei oder drei Kindern war das sehr geräumig. Sanitäre Einrichtungen gab es nicht, bis auf einen Wasseranschluss mit kleinem Spülbecken in der Küche. Das fließende Wasser nutzten die Bewohner auch, um sich in der Küche zu waschen bzw. zu baden – in Schüsseln oder einer Zinkwanne. Auf halber Treppe befanden sich die Plumpsklos, die sich zwei Familien teilten. Die Fäkalien fielen in eine Auffanggrube im Hof und wurden einmal in der Woche von einem Jauchewagen abgeholt. Als in Hannover die Typhus-Epidemie ausbrach, ersetzte man in den 1930er-Jahren nach und nach die Plumpsklos durch Wasserklosetts mit Kanalisationsanschluss.

Die Kochstraße galt neben der Stärkestraße zu den dichtest besiedelten Gebieten Lindens. Teilweise wurden freie Hinterhöfe mit weiteren Wohnhäusern bebaut. Zwischen den Gebäuden verblieb dann nur noch ein schmaler Streifen von zwei Metern Breite. Sonnenlicht kam hier kaum noch an. Größere Höfe nutzten meist die älteren Hausbewohner und die kleinen Kinder. Bei warmem Wetter wurden Stühle und Bänke aufgestellt. Die Kinder feierten auf den Höfen ihre „Feste". Jedes Haus war dabei eine „Republik" für sich. Hatte man einige Groschen zusammengespart, wurden Kostüme genäht, wurde Krepppapier gekauft und im Hof und Treppenhaus Maskerade gefeiert.

Auf dem Hof stand auch das Waschhaus, in dem die Arbeiterfrauen harte Tätigkeiten verrichteten: In großen Waschkesseln weichten sie Wäsche ein, rieben sie am Waschbrett, wuschen sie aus und kochten sie anschließend. Zum Weißen der Wäsche benutzten die Frauen „Wäscheblau". Das wurde in Sichtweite der Kochstraßen-Häuser

Im Kolonialwarenladen gab es alles für den täglichen Bedarf. Hatte ein Hausbesitzer gleichzeitig einen Laden, mussten die Mieter bei ihm einkaufen.

in der Ultramarinfabrik (auch die „Blaue“ genannt) hergestellt. Entlang des Ihme- und Leineufers erstreckten sich weitere Betriebe, z. B. die Asphaltfabrik und am Ende der Kochstraße die „Mittelland“, eine Gummifabrik. Von den Hinterhäusern Kochstraße Nr. 5 bis 11B hatte man direkten Ausblick auf das Fabrikviertel.

Die Gegend um die Fanny-, Mathilden- und Kochstraße galt als verrufen. Viele Hannoveraner nannten sie abwertend „Nachtjackenviertel“. Bewarben sich Jungen aus der Kochstraße um einen Ausbildungsplatz, bekamen sie meist Absagen. Mädchen, die sich von einem Kavalier nach Hause bringen ließen, verabschiedeten sich von ihm schon auf der Limmerstraße und gingen dann alleine in die Kochstraße zurück.

Das Leben in der kleinen Kochstraße war sehr betriebsam, zahlreiche Geschäfte, Gaststätten und weitere Läden gab es dort: Kolonialwarengeschäfte für Sachen des alltäglichen Bedarfs, Friseure, Bäckereien, eine Klempnerei, einen Schmied, der die Pferde beschlug, einen Kohlenhändler, einen Schuster, einen Goldschmied und eine Firma für Möbeltransporte.

Wenn das knappe Geld es zuließ, wurde das Wochenende außerhalb verbracht. In den 1920er-Jahren waren Tanzlokale mit Kaffeegärten beliebte Ausflugsziele der Kochstraßen-Bewohner. So manches Wochenende feierten sie in der „Schwanenburg“, im „Dornröschen“ oder im „Mühlenpark“, der über einen drehbaren Tanzboden verfügte. Ein kleiner Lichtblick im harten Lebensalltag.

Weiterführende Literatur:

Freizeitheim Linden (Hrsg.): Wir aus der Kochstraße, Hannover 1986.

V

LINDENS KIRCHEN

STREIFZUG 11

St. Martin – die älteste Kirche Lindens

Hoch ragt der Glockenturm der St.-Martinskirche in den Himmel. In Linden ist er von vielen Stellen aus zu sehen. Sein Standort zeigt den alten Kern des früheren Dorfes, einzelne Straßen wie die Niemeyerstraße sind auf ihn ausgerichtet. Heute ist der Kirchturm städtebaulicher und kirchlicher Bezugspunkt für Linden-Mitte. Früher war er nicht nur Bezugspunkt für die Lindener, sondern auch für die Gläubigen aus den Nachbardörfern Bornum, Badenstedt und Ricklingen. Eine Besonderheit der Martinskirche ist der freistehende Glockenturm. Ohne Verbindung zum Kirchengebäude gleicht er einem italienischen Campanile.

„Ein Campanile (abgeleitet von italienisch campana, Glocke) ist ein neben einem Kirchengebäude stehender Glockenturm, der nicht in selbiges integriert ist. In Italien und Litauen ist die freistehende Anordnung des Kirchturms relativ verbreitet. Als bekanntester Campanile gilt der Schiefe Turm von Pisa. Bekannt sind weiter der Campanile von Venedig (Markusturm) und Giottos Campanile des Florentiner Doms sowie der Campanile der Kathedrale Sankt Stanislaus in Vilnius.“ (Quelle: Wikipedia)

Erstmals wird eine Lindener Gemeindekirche in der Gründungsurkunde erwähnt, die mit 24. Mai 1285 datiert ist. Zu dieser Zeit standen die meisten Kirchen im Eigentum adliger Grundherren. In Linden waren dies die Grafen von Hallermund und von Roden. In besagter Urkunde besiegelten sie die Übereinkunft, das Kirchenpatronat abwechselnd auszuüben und damit auch das Recht, einen Pfarrer für das Lindener Gotteshaus zu ernennen. Erster Prediger wurde 1285 Rabodo von Harboldesen, der bis 1299 in Diensten der Gemeinde stand.

Als Martin Luther am 31. Oktober 1517 seine 95 Thesen auf die Tür der Schlosskirche zu Wittenberg schlug, nahm die Reformationsbewegung ihren Lauf. Sie erreichte Hannover im Jahr 1533. Hannoversche Bürger setzten sich gegen den Rat der Stadt durch und bekannten sich zu der evangelischen Lehre. Das kleine Dorf

Bittstunde vor den Trümmern der kriegszerstörten Martinskirche, 1952.

Linden am Rande von Hannover blieb noch fünf weitere Jahre katholisch. Erst 1538 hielt auch dort die neue Lehre Luthers Einzug. Seitdem ist die St.-Martinskirche evangelisch-lutherisch.

Allzu viel ist nicht über die alte Dorfkirche überliefert. Auf einem Merian-Kupferstich aus dem Jahr 1654 ist sie abgebildet (siehe S. 4), umgeben von Kirchhöfnerhäusern, die der Volksmund auch „die Zwölf Apostel" nannte. Die Kirchhöfner waren zwar von Abgaben befreit, mussten dafür aber die Kirchgüter bewirtschaften und kirchliche Botengänge machen.

Als sonntäglicher Versammlungsort diente das Gotteshaus sowohl den Einwohnern Lindens als auch der Bevölkerung der Nachbardörfer Bornum, Badenstedt und Ricklingen. Das Gestühl war deshalb in vier Quartiere eingeteilt, jedes Dorf hatte seinen eigenen Sitzbereich. Auch innerhalb der Quartiere war eine Sitzordnung vorgeschrieben, die die soziale Stellung widerspiegelte. Frauen- und Männerstühle standen getrennt.

Im Dreißigjährigen Krieg (1618–1648) hatten die Lindener Dorfbewohner unter Plünderungen und Brandschatzung marodierender Truppen zu leiden. Auch die Kirche

Der „Campanile Lindens“: Kirchturm der St.-Martinskirche.

wurde dabei stark beschädigt, sie drohte einzustürzen. Da es an Geld fehlte, waren nur notdürftige Reparaturen möglich. Erst im Jahr 1727 konnte mit dem Bau einer neuen Kirche begonnen werden: Viele Spender und die Unterstützung von König Georg I. hatten es ermöglicht. Ein Jahr später weihten die Lindener ihre neue Dorfkirche ein. Vollendet war der Bau wegen der leeren Baukasse allerdings nicht. Baumeister Cramm war gezwungen, den Turm nur bis zum Unterbau fertigzustellen. Auch reichte es im Innern der Kirche nur zu einem gestampften Fußboden – wie in einer Scheune.

Die stürmische Industrialisierung Lindens im 19. Jahrhundert brachte finanzkräftige Neubürger hervor, die bereit waren, in öffentliche Bauten zu investieren. So stiftete der Unternehmer Georg Egestorff die Baumaterialien für den vorgesehenen gemauerten Turmaufsatz. Haussammlungen und weitere Spenden – unter anderem von König Georg V., der königlichen Regierung und der Klosterkammer – ermöglichten 1854 die Vollendung des Kirchturms. Der bekannte hannoversche Baumeister Conrad Wilhelm Hase hatte dem ehemaligen Kirchturmstumpf einen neogotischen polygonalen Aufsatz aufgesetzt.

Kirchliche Arbeit im Gertrud-Marien-Heim. Heute ein Kindergarten, war es früher ein Abendheim für erholungsbedürftige Arbeiterinnen.

Im Jahr 1865 weitete die St.-Martinsgemeinde die kirchliche Arbeit aus. Mit der Einrichtung einer Schwesternstation wurde jetzt auch gezielt kranken Menschen in Armut geholfen. Und derer gab es viele, denn im rasch wachsenden Industrieort Linden nahm das soziale Elend schnell zu. Um in Not geratenen jungen Arbeiterinnen zu helfen, führte 1898 eine weitere Initiative der Martinsgemeinde zur Gründung des Abendheims für Fabrikarbeiterinnen. Dies war die Keimzelle für das spätere Gertrud-Marien-Heim, das ab 1910 als Kindergarten und Mädchenheim diente. Während in den oberen Stockwerken junge Frauen musizierten oder kochen und nähen lernten, war im Erdgeschoss ein Hort für Arbeiterkinder untergebracht. Heute ist das Ziegelsteingebäude in der Badenstedter Straße 37 eine Kita in Obhut der Kirchengemeinde.

Mit großem Aufwand wurde die Martinskirche im Jahr 1910 renoviert und verschönert. Der Herzog von Cumberland stiftete einen großen Kronleuchter für das Kircheninnere, und die alten Fenster wurden durch prächtige Glasfenster ersetzt. 1928 feierte die Gemeinde das 200-jährige Bestehen des Lindener Gotteshauses. Inzwischen gab es bereits vier evangelische Töchtergemeinden: Michaelis in Ricklingen, Erlöser in Linden-Süd, Bethlehem in Linden-Nord und Paul-Gerhard in Badenstedt.

Während des Zweiten Weltkriegs zerstörte eine Luftmine im Jahr 1943 das Kirchenschiff. Fast die gesamte Innenausstattung verbrannte, aber der Taufstein von 1647 konnte gerettet werden. Der Kirchturm blieb mit leichteren Beschädigungen stehen. Nach dem Krieg wurde er mit einigen Veränderungen (Erhöhung des Unterbaus, Einfügung einer Plattform) wieder hergestellt. Wegen des zerstörten Kirchenschiffs fanden die Gottesdienste für viele Jahre im Gertrud-Marien-Heim statt.

1957 konnten die Gemeindemitglieder endlich das neue Kirchengebäude einweihen. Architekt Dieter Oesterlen, der nach dem Krieg maßgeblich am Wiederaufbau zahlreicher Bauwerke in Hannover beteiligt war, hatte das Kirchenschiff in moderner Gestaltung aufbauen lassen. Es stand jetzt nicht mehr am ursprünglichen Platz, sondern südlich versetzt vom Turm. Seitdem ist der Glockenturm freistehend wie ein Campanile. Die im Turm aufgehängte Glocke ist wohl das älteste Relikt. Gegossen im Geburtsjahr Martin Luthers, 1483, ruft sie seit nunmehr über 500 Jahren die Lindener zum Gottesdienst.

Ausgewählte Geschichten über St. Martin

Der kleine Ort Westrhauderfehn in Ostfriesland hat mit Linden mehr gemeinsam, als es auf den ersten Blick scheint. Dort steht die Hoffnungskirche, deren Turm im oberen Teil dem der Lindener Martinskirche stark ähnelt. Und wäre nach dem Zweiten Weltkrieg der Turm der Martinskirche nicht baulich verändert worden (Erhöhung des Unterbaus und Einfügung einer Plattform mit Geländer), so hätte man in Westrhauderfehn eine exakte Kopie des Lindener Pendants vor Augen. Wie kam es dazu? Die von Conrad Wilhelm Hase entworfenen Bauzeichnungen für den Lindener Kirchturm wurden vermutlich von Rudolf oder August Könecke, beide Schüler von Hase, nach Ostfriesland mitgenommen. 32 Jahre nach dem Original in Linden wurde im Jahr 1886 die Kopie in Westrhauderfeen fertiggestellt. Einziger kleiner Unterschied zum Original sind die Kreuzblumen auf den Giebeln, die – wohl wegen Geldmangels – in Linden fehlen. Die Westrhauderfehener sind stolz darauf, mit 53 Metern den höchsten Kirchturm Ostfrieslands zu haben. Ähnlich hoch dürfte sich auch unser Kirchturm in den Lindener Himmel strecken.

Arm wie eine Kirchenmaus – so manches Mal widerfuhr dieses Schicksal der Lindener Kirchengemeinde. Reparaturen oder die Ausstattung der Kirche mit dem Notwendigsten wurden häufig nur durch Spendengelder ermöglicht. Einmal allerdings reichten auch alle Geldgaben nicht mehr aus: Die Kirche sollte öffentlich versteigert werden! Begonnen hatte alles im Jahr 1727 mit dem Abriss des alten und dem Bau eines neuen Kirchengebäudes. 4.000 Taler Baukosten waren veranschlagt, die Baukasse war aber schon vor Fertigstellung der Kirche leer. Der zuständige Baumeister Cramm steckte seine eigenen Mittel in den Kirchenbau, damit das Gotteshaus wenigstens notdürftig seinen Zweck erfüllen konnte. Nach seinem Tod verlangten die Erben von der Gemeinde die privat in die Kirche gesteckten Gelder zurück. Ein erbitterter Prozess entbrannte, bis schließlich ein Termin zur öffentlichen Versteigerung des Kirchengebäudes angesetzt wurde. Nur der Einspruch der hannoverschen Regierung, die nach französischer Besatzung gerade wieder an die Macht gekommen war, verhinderte Schlimmeres. Die Kirche blieb im Besitz der Gemeinde, diese zahlte dafür 2.500 Taler der Bau- und Prozess-Schuld. Eine jahrzehntelange Belastung der Kirchenkasse durch Zins- und Tilgungszahlungen folgte.

In den Gottesdiensten ging es manchmal ziemlich turbulent zu. So gab es Störungen während der Predigt, Pöbeleien unter den Besuchern oder gelegentlich sogar eine Prügelei. Ursache war des Öfteren ein Streit um die Plätze, obwohl eine genaue Sitzordnung festgelegt war: Jedem der vier Dörfer Linden, Badenstedt, Ricklingen und Bornum war ein Quartier zugeteilt, innerhalb des Quartiers hatte jeder Kirchgänger nach Stand und Vermögen einen zugewiesenen Platz. Die Protokolle des Calenberger Amtes aus dem Jahr 1661 geben einen Einblick in die Streitigkeiten der Kirchgänger: „Jasper Bock, Cordt Bock, Arnd Gastin, Jasper Strues und Hans Lutter haben sich übel bei währendem Gottesdienst bezeigtet und die Ricklinger aus ihren Stellen gedrungen, und ob zwar der Priester Silentium geboten, solches nicht geachtet = 2 Thaler, 28 Groschen Strafe.“ Und weiter: „Jasper Bock und Jürgen Volkmanns Frau haben sich Ostertags in der Kirche geschlagen.“ Heutzutage geht es friedlicher zu, was vielleicht auch an der freien Sitzplatzwahl liegt.

Weiterführende Literatur:
Kirchengemeinde St. Martin: 700 Jahre Kirche in Linden. 1285–1985, Dieckmann Druckerei u. Verlag, Hannover 1985.

STREIFZUG 12

Die Erlöserkirche – Hannovers Gospelkirche

Dreihundert Menschen sitzen voller Erwartung auf den Bänken. Die Gottesdienste in der Erlöserkirche sind gut besucht – und etwas Besonderes. Denn Live-Gesang, Klavier und professionelle Jazzmusiker bringen die Besucher in Fahrt. Und statt Sonntagspredigten gibt es kurze Geschichten, die zum Nachdenken anregen.

Alles begann 2001 mit einem Gospelkonzert in dem ehrwürdigen Gotteshaus. Der Innenraum war rappelvoll mit Besuchern, die in guter Stimmung mitfeierten. „So etwas müsste man in den normalen Alltag einer Kirchengemeinde integrieren“, fanden Gospel-Chorleiterin Christine Hamburger und Pastor Joachim Dierks damals. Zusammen mit Pastor Carsten Wedemeyer setzten sie die Idee um. Seitdem ist die Erlöserkirche in

Die Zionskirche, 1900.

Linden-Süd Heimstatt für Gospelbegeisterte. Jeden dritten Sonntag im Monat finden Gospelgottesdienste statt. Darüber hinaus gibt es auch Workshops, offenes Gospelsingen („Wer kommt, singt mit") und einen professionellen Gospelchor. Dass in der Erlöserkirche Menschen zu Jazz- und Gospelmusik tanzen, hätte sich der Erbauer nie vorstellen können. Conrad Wilhelm Hase, Baumeister und Architekturprofessor, ließ die dreischiffige Kirche ab 1878 nach neugotischem Entwurf errichten. Zum ersten Advent 1880 wurde sie feierlich eingeweiht, unter dem Namen „Zionskirche". Dass man sie heute als „Erlöserkirche" kennt, liegt an einer späteren Umbenennung.

Einige reiche Lindener Bürger, darunter auch Baron von Alten, hatten den Kirchenbau mit Spenden unterstützt. Trotzdem reichte das Geld nicht aus. Bei der Fertigstellung im Jahr 1880 fehlten Glockenturm und Fußbodenbelag. Durch die Gründung eines Turmbauvereins, in den viele Lindener freiwillig einzahlten – vom Arbeiterkind bis zum begüterten Unternehmer – konnte die Turmspitze mit Glockengeläut 1882 eingeweiht werden. Einen vernünftigen Fußboden bekam die Kirche erst zur Jahrhundertwende.

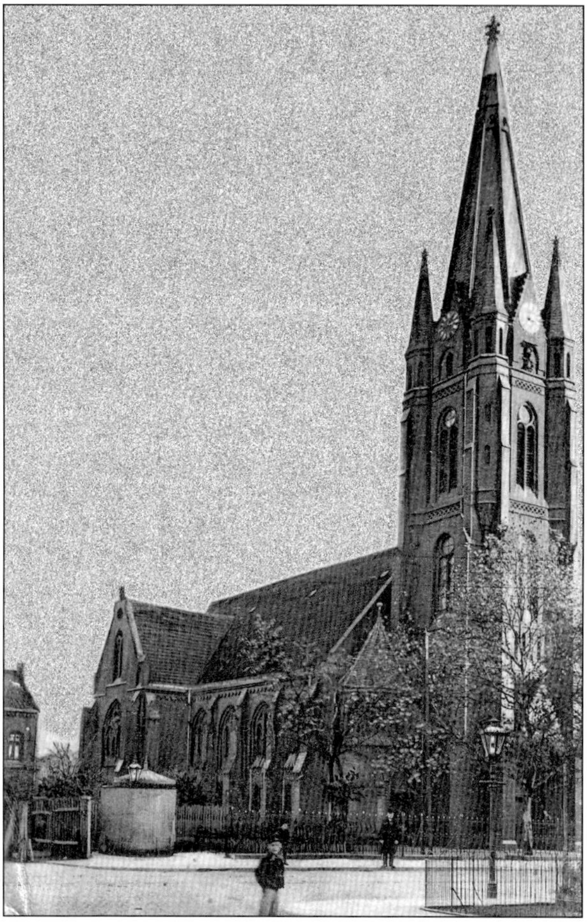

Ein Foto aus dem Jahr 1909. Damals trug die Erlöserkirche noch den Namen Zionskirche. Sie ist eines der letzten im Originalzustand erhaltenen Kirchenbauwerke des Baumeisters Conrad Wilhelm Hase.

Als zweite protestantische Kirche in Linden sollte sie die alte Dorfkirche St. Martin am Lindener Berg entlasten, aber auch die unter Armut leidenden Arbeiter im Süden Lindens für Gottes Botschaft gewinnen. Kein einfacher Job für einen Pastor. Der erste Pfarrer Gustav Heinrich Karl Tovote verließ schon nach drei Jahren die Gemeinde. Ihm folgte Otto Armknecht, der sich in 25 Amtsjahren als „Armenpfarrer von Linden" einen Ruf machte. Ihm zu Ehren stiftete die Stadt Hannover später ein Ehrengrab. Trotz aller Erfolge: Die traditionell starke Sozialdemokratie in Linden war kirchenkritisch eingestellt, und das färbte auf die Bewohner ab. Taufe, Konfirmation, Trauung und kirchliche Bestattung wurden rege in Anspruch genommen, am aktiven Gemeindeleben nahmen aber nur recht wenige teil. Wie konnte man diese Menschen für die Kirche begeistern? Jeder neue Pastor verfolgte seine eigenen Ideen.

Zum Beispiel Otto Oehlkers, der 1909 dem verstorbenen Pastor Armknecht folgte. Erste Erfahrungen hatte er als Missionsprediger im Ausland gesammelt. Diese setzte er nun in Linden ein: Mit dem Kirchen-Posaunenchor ging es auf private Wohnungshöfe und kleine Plätze, um dort mit Musik Aufmerksamkeit zu erregen. Dann folgten vor der versammelten Menge Predigten von Oehlkers. Das Kirchenamt und der zweite Pastor der Zionsgemeinde, Gustav Meyer, lehnten die Methoden Oehlkers als „Reklame und Marktschreierei" ab. Pastor Meyer setzte lieber auf Vorträge und Gesprächsabende zu aktuellen politischen Themen. Zunehmend verhärteten sich die Fronten zwischen beiden Pastoren, auch die Gemeindemitglieder spalteten sich in zwei Fraktionen. Oehlkers Anhänger besuchten nur seine Gottesdienste und lehnten Pastor Meyer ab, Meyers Anhänger verfuhren ebenso. Diese Feindschaft führte schließlich dazu, dass die Einrichtungen der Gemeinde doppelt vorhanden waren.

Im Nationalsozialismus setzten die Pastoren anfangs ihre Arbeit recht unbehelligt fort. In Einzelfällen wurden sie von der Gestapo vorgeladen, größere Probleme traten aber nicht auf. Bis im Jahr 1943 die NS-Frauenschaft vorstellig wurde. Ihre Forderung: Der Name Zion klinge zu „jüdisch" und müsse schnellstens geändert werden. Um Repressalien zu vermeiden, entschied der Kirchenvorstand, die Zionskirche umzubenennen. Der neue Name „Erlöserkirche" wurde nach dem oft genutzten Wahlspruch von Pastor Armknecht gewählt: „Ich weiß, dass mein Erlöser lebt".

In der Nacht vom 8. zum 9. Oktober 1943 flogen alliierte Bomber den größten Luftangriff auf Hannover. Während viele Gebäude in Trümmer sanken, blieb die Erlöserkirche von größeren Schäden verschont. Nur das Dach war abgedeckt und die Fensterscheiben zerborsten. Pastor Oehlkers gelang es mit Hilfskräften, das Dach wieder zu reparieren. Gegen Kriegsende kamen neue Aufgaben auf die Geistlichen zu: Die vor der anrückenden Roten Armee flüchtenden Menschen erreichten Westdeutschland und benötigten Nahrung, Unterkunft und medizinische Versorgung.

Mai 1945. Kriegsende. Hannover lag nun in der britischen Besatzungszone. Britische Soldaten hielten in der Erlöserkirche Militärgottesdienste ab. Die Kirchengemeinde war jetzt auch Anlaufstelle für internationale Organisationen, die Hilfslieferungen an die hungernde deutsche Bevölkerung schickten. So landeten CARE-Pakete aus den USA und Kartoffeln aus Schweden in Linden-Süd. 1950 beantragte der Kirchenvorstand die Rückbenennung von Erlöser- in Zionskirche. Erfolglos, denn das Landeskirchenamt lehnte ab. So ist der Name Erlöserkirche bis heute geblieben. Viele Veränderungen hat die Kirchengemeinde in ihrer 130-jährigen Geschichte durchgemacht, einschließlich des Namenwechsels. Manches aber hat sich doch über die Zeit gerettet. Da die Kirche im Zweiten Weltkrieg nicht zerstört wurde, gehört sie heute zu den am besten erhaltenden Kirchenbauten Hannovers. Auch die originale Innenausstattung des Erbauers Conrad Wilhelm Hase ist weitgehend erhalten: Die aus Eichenholz gefertigte Kanzel und der neugotische Altar versetzen Kirchenbesucher in vergangene Zeiten. Ebenfalls in der Erlöserkirche lief bis vor Kurzem die wohl letzte mechanische Kirchturmuhr Hannovers. Jede Woche kletterte jemand in den Uhrraum und zog die Gewichte wieder hoch. 2011 ersetzte man die mechanische Turmuhr durch ein elektronisches Pendant. Das historische Uhrwerk hat seitdem einen Ehrenplatz in der Kirche.

Weiterführende Literatur:
Dirk Riesener: Zwischen Hanomag und Siloah, Ahrberg und Fischerhof. 125 Jahre Zionskirche/Erlöserkirche in Linden-Süd, Eigenverlag, Hannover 2005.

STREIFZUG 13

Die Bethlehemkirche – der Dom in Linden

Die drei kupfernen Turmhelme sind auf der Titelseite zu sehen. „Denkmalpflege in Niedersachsen" heißt die Fachzeitschrift, die im Jahr 2009 der Bethlehemkirche gleich mehrere Seiten widmete. Das große Lindener Gotteshaus interessiert die Fachleute, da es eine besondere Architektur hat: den neo-romanischen Stil. Auf den ersten Blick wirkt die Kirche deshalb wesentlich älter, als sie tatsächlich ist. Denn fertiggestellt wurde der wuchtige Bau 1906.

Als die evangelische Kirchengemeinde im Jahr 2009 eine Außensanierung des Turms vornahm, konnte durch zusätzlich bewilligte Bundesmittel auch die Sanierung der Innenräume gestartet werden. Farbige Wandornamente, die man nach dem Zweiten Weltkrieg einfach grau überstrichen hatte, wurden durch Restauratoren wieder freigelegt. Seitdem erstrahlen sie wieder in neuem Glanz. Genau wie vor 100 Jahren.

Im 19. Jahrhundert entwickelte sich Linden rasant: Immer mehr Industriebetriebe lockten Arbeiter an, von 1861 bis 1900 verfünffachte sich die Einwohnerzahl auf 50.000. Um die Neubürger auch kirchlich betreuen zu können, gründete die Lindener St.-Martinsgemeinde neue Tochtergemeinden: 1877 die Ricklinger Michaelisgemeinde und 1880 die Zionsgemeinde. 1892 folgte mit der Bethlehemgemeinde die nächste Tochter, die für den bevölkerungsreichen Nordteil Lindens zuständig sein sollte. Da es noch kein Kirchengebäude gab, versammelten sich die Gläubigen zu den Gottesdiensten in der Aula der Schule Fröbelstraße. Es dauerte zehn Jahre, bis mit dem Bau des Gotteshauses – der Bethlehemkirche – begonnen wurde. Auf dem freien Gelände des Fössefelds sollte die neue Kirche entstehen – als architektonischer Mittelpunkt des geplanten Bethlehemplatzes. Von der Stadt Linden gab es sogar einen Zuschuss von 30.000 Mark, der an die Bedingung geknüpft war, die Portale bedeutsam auszubilden und die Turmbedeckung mit Kupfer auszuführen. Die Kirchenwände aus heimischem Kalkstein wuchsen dank fleißiger Arbeiter immer mehr in die Höhe, bis nach knapp vier Jahren das Gesamtwerk vollendet war.

An einem Sonntag im November 1906 überreichte Architekt Karl Mohrmann in einer feierlichen Zeremonie den Schlüssel der neuen Kirche an die Gemeindemitglieder. Vor ihnen stand ein ganz besonderes Bauwerk. Im neo-romanischen Stil erbaut, hatte es

Die Bethlehemkirche im Jahr 1926 mit Gemeinde- und Pfarrhaus. Das einzigartige Gebäudeensemble erinnert an eine klosterähnliche Anlage.

Der frisch renovierte Innenraum zu Ostern 2012. Der feuervergoldete Messing-Leuchter strahlt ebenso in neuem Glanz wie auch die freigelegten Wandmalereien.

einen Turm mit gleich drei kupferbedeckten Turmhelmen – einem Dom ähnlich. Der mittlere Turmhelm ragte mit 71 Metern am höchsten in den Himmel und auf seiner Spitze thronte der mit Strom beleuchtete „Stern von Bethlehem“. Damals ein Novum, denn kein Kirchenbauwerk in Linden oder Hannover war bis dahin elektrifiziert. Auch im Innern staunten die Gemeindemitglieder: An den Wänden leuchteten im Licht eines großen Messingleuchters Ornamentbemalungen in bunten Farben. Architekt Mohrmann, dessen Vater Bau- und Kunstmaler war, hatte die detaillierten Entwürfe für die Innenraumgestaltung der Kirche selbst ausgearbeitet. Viele Teile der Innenausstattung können Besucher auch jetzt noch im Original bewundern, z. B. den Hauptaltar, die Kanzel, den großen herabhängenden Radleuchter aus Messing oder die Kirchenbänke. Denn die Bethlehemkirche blieb vom Bombenhagel des Zweiten Weltkriegs größtenteils verschont.

Schon während des Ersten Weltkriegs verschwanden die Läuteglocken aus Bronze: Das deutsche Militär forderte den Ausbau aller Kirchenglocken des Landes – um sie einzuschmelzen und daraus Kanonenrohre zu produzieren. Erst 1922 konnte die Bethlehemgemeinde neue Glocken in den dreiteiligen Kirchturm hängen – diesmal aus Stahl. Noch heute läuten sie den Gottesdienst ein.

Zur Einweihung der Kirche im Jahr 1906 zählte die Bethlehemgemeinde schon über 20.000 Seelen. Zu den Hauptgottesdiensten kamen durchschnittlich 300 Erwachsene, an Festgottesdiensten drängten sogar über 1.000 Menschen in die rappelvolle Kirche. Ein reges Vereinsleben entwickelte sich schon in den ersten Jahren: Neben dem Elternbund, der Frauenhilfe und der Männervereinigung gab es noch den Kirchenchor, den Arbeiterverein und die Gemeindejugend. Das überaus lebendige Gemeindeleben ist auch in heutiger Zeit ein Markenzeichen der „Bethlehemiten". Nur einige Aktivitäten seien genannt: Kegeln in der Krypta, Jugend-Kellertreff, Seniorentanz, Krabbelgottesdienste, Familienfreizeiten, Gospelchor.

Über Hannover hinaus bekannt ist die Bethlehemgemeinde für ihre umfangreiche Jugendarbeit. So wird z. B. der Turm zum Klettersport genutzt: Die Turminnenwände beherbergen verschiedene Kletterrouten, an der Außenwand kann man hinaufklettern und sich dann abseilen. Oder der „Bethlehem-Keller-Treff". Er ist Anlaufstelle für viele Jugendliche im Stadtteil, die nach sinnvollen Freizeitaktivitäten suchen oder ein offenes Ohr für ihre Sorgen und Nöte brauchen. Betreut wird dieses Angebot von einem Sozialarbeiter. Dass die Jugendarbeit groß geschrieben wird, hat bei Bethlehem Tradition, wie ein Auszug aus einem Wochenprogramm des Jugendvereins im Jahr 1925 zeigt: Bibelstunde, Turnen, Baden, Französisch und Englisch, Posaunenchor, Mandolinen-Unterricht.

Die evangelischen Kirchen während der NS-Zeit

Hitlers Machtergreifung am 30. Januar 1933 markierte eine Wende in Deutschland. Mit Massenpropaganda, Gleichschaltung, Inhaftierung politischer Feinde und Terror gegen jüdische Mitbürger setzten die braunen Machthaber konsequent ihre fanatischen Ziele um. Auch die Kirchen blieben von dieser Entwicklung nicht verschont. Innerhalb der evangelischen Kirche entstand bereits 1932 die Glaubensgemeinschaft „Deutsche Christen" (DC). Sie verfolgte einen antisemitischen Kurs und strebte nach einer Einheitskirche unter Hitlers Führung. In ihrem Programm forderten die „Deutschen Christen" den Ausschluss jüdischer Christen und die „Entjudung" der Bibel durch Entfernen des Alten Testaments.

Kirchenwahlen im Juni 1933 führten zu einem Erdrutschsieg der „Deutschen Christen", die daraufhin die Leitung einiger Landeskirchen übernehmen konnten. Der Erfolg währte allerdings nur kurz. Denn 1934 bildete sich eine Gegenbewegung, die Bekennende Kirche. Sie lehnte es ab, Erfüllungsgehilfe und Sprachrohr Hitlers zu sein. Mitglieder der Bekennenden Kirche hatten mit Repressionen zu rechnen. Sie wurden des Öfteren mit 3Berufsverbot belegt, zum Wehrdienst eingezogen oder gleich ermordet. So auch Dietrich Bonhoeffer, profilierter Vertreter der Bekennenden Kirche. Anfang 1945 tötete ihn die SS im KZ Flossenbürg.

Weiterführende Literatur:
Jochen Günther / Hans-Jörg Hennecke: Das Bethlehem-Buch. Geschichte eines Doms in Linden, Eigenverlag, Hannover 2006.

STREIFZUG 14

St. Godehard – das erste Gotteshaus für Lindens Katholiken

Bis in die zweite Hälfte des 19. Jahrhunderts stand in der protestantischen Region Hannover nur eine einzige katholische Kirche: die Pfarrkirche St. Clemens in der Neustadt, der heutigen Calenberger Neustadt. In Linden gab es seit 1538, als das Dorf sich der Reformation angeschlossen hatte, nur die protestantische St.-Martinskirche. Die wenigen Katholiken im Dorf pilgerten sonntags ins benachbarte Hannover. Ab den 1830er-Jahren siedelten sich in Linden immer mehr Industriebetriebe an und zogen Arbeit suchende Landbevölkerung an. Viele dieser Menschen kamen aus dem katholischen Eichsfeld. So wuchs die Zahl der Gläubigen sprunghaft an. Um 1860 zählte die katholische Gemeinde in Hannover und Umgebung über 8.500 Angehörige, darunter 2.700 katholische Soldaten. Da das einzige katholische Gotteshaus in Hannover, die St.-Clemens-Kirche, nur Platz für etwa 1.000 Personen bot, gab es sonntags zu den Gottesdiensten in und vor der Kirche drangvolle Enge. Im Jahr 1863 kündigte Bischof Eduard Jacob Wedekin während einer Firmungsreise an, dass der Bau einer zweiten Kirche dringend notwendig sei. Sie sollte ihren Platz in Linden erhalten, wo inzwischen viele katholische Gläubige wohnten. Da sich der Bau der Kirche aufgrund finanzieller Schwierigkeiten und politisch unruhiger Zeiten immer weiter verzögerte, richtete die katholische Kirche 1873 für ihre Gläubigen in Linden Notgottesdienste ein. Im Gasthaus „Zum Goldenen Anker“ in der Blumenauerstraße wurde der Tanzsaal gemietet und notdürftig als Kapelle hergerichtet. Der erste Kaplan der St.-Clemens-Kirche, Ignaz Diedrich, leitete die Gottesdienste. Im Lindener Volksmund bekam die provisorische Kapelle schnell den Namen „Heuboden“, denn in dem bei Sonn- und Feiertagen überfüllten Raum entwickelte sich so eine Hitze, dass selbst der kräftige Kaplan Diedrich nach dem Gottesdienst völlig nassgeschwitzt die Kleidung wechseln musste. Auch dem gebraucht gekauften Harmonium konnten nur schwer Töne entlockt werden: Durch die schwülwarme Luft blieben die Fußpedale des Tasteninstruments niedergedrückt und mussten ständig durch einen zweiten Mann, der am Boden hockte, wieder hochgestoßen werden.

Die provisorischen Gottesdienste endeten nach knapp zwei Jahren. Am 4. Oktober 1874 wurde in der Posthornstraße die erste katholische Kirche in Linden eingeweiht. Architekt Christoph Hehl, ein Hase-Schüler, hatte beim Entwurf des Kirchenneubaus

Die St.-Godehardkirche an der Posthornstraße im Jahr 1919.

von den Bauherren die Vorgabe erhalten, sich an der 1492 erbauten Chorfrauenkirche des Klosters Marienburg zu orientieren. So entstand ein neugotischer Bau, der allerdings wegen fehlender finanzieller Mittel ohne Kirchturm auskommen musste. Stattdessen thronte oben ein kleiner achteckiger Dachreiter, der das Geläut aufnahm. Als Namenspatron wählte man den heiligen Godehard von Hildesheim (960–1038), einen Bischof, der zu den bedeutenden Heiligen im Mittelalter gehörte und in einigen europäischen Ländern besonders verehrt wird. In der Schweiz, wo der heilige Bischof den Namen Gotthard trägt, ist ihm zu Ehren eine wichtige Alpenüberquerung benannt: der Gotthard-Tunnel.

Lindens Katholiken hatten nun endlich eine eigene Kirche, die auch für die Betreuung der über 60 Dörfer im Umkreis von Linden und Springe zuständig war. Der Neubau des Gotteshauses hatte viel Geld verschlungen. Durch Kollekten der Gemeindemitglieder und Spenden reicherer katholischer Gebiete konnte die große Schuldenlast langsam reduziert werden. Die katholische Gemeinde in Linden wuchs und mit ihr auch die Zahl der Schulkinder. 1878 folgte die Eröffnung einer katholischen Schule in der Kaplanstraße nahe der Kirche. Schon im ersten Jahr gingen dort 440 Kinder zum Unterricht. Mitten im protestantischen Linden entwickelte sich die Kaplanstraße, die nach dem ersten Lindener Kaplan Ignaz Diedrich benannt worden war, zu einer katholischen Enklave. Der in der Gemeinde beliebte und geachtete Kaplan hatte durch die jahrelange schwere Arbeit des Gemeindeaufbaus und durch den Kirchenbau seine Kräfte überfordert. Er erkrankte schwer und starb 1881 im Alter von 39 Jahren. Sein

Seit 2008 ist Pfarrer Dr. Wolfgang Beck für die Lindener Kirchengemeinden St. Godehard und St. Benno zuständig. Als erster Pfarrer aus Linden durfte er in der ARD das „Wort zum Sonntag" sprechen.

Grab befindet sich auf dem Lindener Bergfriedhof. Nachfolger Pastor Friedrich Henniges übernahm keine leichte Aufgabe. Er musste sich nun um die Seelsorge der weit ausgedehnten Gemeinde kümmern, Kirche und Schule weiter ausbauen und die immer noch hohe Schuldenlast weiter reduzieren. 1886, als die katholische Gemeinde in Linden 4.000 Gläubige zählte, stellte man den Antrag, sich von der hannoverschen Muttergemeinde St. Clemens zu lösen und zu einer selbstständigen Pfarrei zu werden. Es dauerte viereinhalb Jahre, bis dem Antrag Anfang 1891 stattgegeben wurde. Im gleichen Jahr übernahm die Stadt Linden die katholische Schule mit inzwischen 1.218 Kindern, und der St.-Godehard-Kirchengemeinde wurde von der Bischöflichen Behörde ein Fabrikgebäude am Allerweg übergeben. Dort entstand ab 1893 nach Umbauarbeiten das Godehardi-Stift mit Krankenpflegestation, „Kinderbewahranstalt", Nähschule und Arbeiterinnen-Hospiz.

Neue Maschinenfabriken und Textilbetriebe im Norden Lindens boomten und sorgten für einen Zustrom von Arbeitern, die sich entlang der Limmerstraße niederließen. Eine zweite Kirche wurde notwendig. Pastor Henniges fand ein geeignetes Baugrundstück zwischen Velvet- und Elisenstraße (heute: Offensteinstraße). Dort entstand bis 1902 die neue Tochterkirche St. Benno. Schwere Zeiten brachen 1933 an: Die Nati-

Am 13. Oktober 1974 feierte man 100 Jahre St.-Godehard-Kirche.

onalsozialisten übernahmen die Herrschaft. Wie alle Organisationen in Deutschland sollten auch die Kirchen der Ideologie der braunen Machthaber untergeordnet werden. Pastoren und Pfarrer, die das Regime nicht hundertprozentig unterstützten, bekamen Probleme. So auch Aloys Beckmann, Pfarrer der St.-Godehard-Kirche. Mehrmals musste er zur Vernehmung der Gestapo. 1939 lösten die Nazis die katholische Schule auf und wandelten sie in eine Gemeinschaftsschule um. Die St.-Godehard-Kirche wurde im Bombenhagel des Zweiten Weltkriegs größtenteils zerstört, ebenso die umliegenden Gebäude der Kaplanstraße. Gottesdienste fanden nun in Notkirchen statt, u. a. dem Vereinshaus Konkordiastraße und dem Gertrud-Marien-Heim in der Badenstedter Straße. Dem Aufruf von Pfarrer Beckmann, die Kirche wieder aufzubauen, folgten im Frühjahr 1949 viele Freiwillige, die bei der Schutt- und Trümmerbeseitigung und dem Mauern von Wänden halfen. Beauftragte Firmen übernahmen die Facharbeiten. So konnte die neue Kirche am 13. August 1950 eingeweiht werden, obwohl der Aufbau noch nicht abgeschlossen war. Die Entscheidung des Kirchenvorstands, die Kirche in ihrem ursprünglichen Zustand wieder aufzubauen, war gelungen – bis auf einen kleinen Schönheitsfehler: Der früher schlanke achteckige Dachreiter war einem kleinen Glockenturm gewichen, der für das Kirchengebäude zu wuchtig und massiv wirkte.

Die Innenausstattung der Kirche wurde nach und nach durch hochwertige Werke der Sakralkunst ergänzt. Zum 100. Jubiläum 1974 wurde die St.-Godehard-Kirche renoviert, mit einer Fußbodenheizung versehen und durch einen rotgeklinkerten Kirchplatz aufgewertet. Heute zeigt sich die erste katholische Kirche in Linden – zumindest von außen – fast genauso wie vor 135 Jahren.

STREIFZUG 15

St. Benno – die jüngere katholische Schwester

Die beiden katholischen Kirchen in Linden – St. Godehard und St. Benno – würde es heute wohl nicht geben, hätte nicht die Industrie in das damals idyllische Dorf Einzug gehalten. Mitte des 19. Jahrhunderts begann die massive Industrialisierung Lindens. Immer mehr Menschen vom Land, auf der Suche nach Arbeit, zog es in den Ort westlich von Hannover. Viele der Zuwanderer kamen aus dem katholisch geprägten Eichsfeld. Um die Neubürger seelsorgerisch betreuen zu können, erbaute man im Jahr 1874 in der Posthornstraße das erste Gotteshaus für Lindens Katholiken, die St.-Godehardkirche. In den Folgejahren dehnte sich Linden immer weiter Richtung Norden aus. Entlang der Ihme entstanden neue Fabriken. Und an der 1861 angelegten Limmerstraße

Blick im Jahr 1916 von der Velvetstraße auf die St.-Bennokirche. Aus Kostengründen wurde auf einen Kirchturm verzichtet und die Vorderfront turmartig aufgebaut.

Pastor Friedrich Henniges, Erbauer von St. Benno.

zweigten mehr und mehr neugebaute Nebenstraßen ab, mit mehrstöckigen Mietshäusern für die Arbeiter.

Die Zahl der katholischen Gemeindemitglieder stieg immer weiter an: Im Jahr 1895 lebten bereits 7.000 Katholiken in Linden. In der Godehardkirche herrschte sonntags drangvolle Enge – ein auf Dauer nicht haltbarer Zustand. Auf Initiative von Friedrich Henniges, dem Pastor in St. Godehard, fasste der Kirchenvorstand den Beschluss, eine zweite katholische Kirche in Linden zu bauen. Als Namenspatron hatte man für die neue Kirche den heiligen Benno gewählt, der von 1066 bis 1106 Bischof von Meißen gewesen war. Ein geeignetes Baugrundstück fand sich im Norden Lindens, zwischen Velvet- und Elisenstraße (heute: Offensteinstraße). Für 29.600 Mark kaufte die Kirchengemeinde das Grundstück der Mechanischen Weberei ab. Da die wirtschaftlich schwache Gemeinde St. Godehard nur wenig Geld für den Kirchenneubau aufbringen konnte, warb Pfarrer Henniges mit Kollekten und bistumsweiten Sammelaktionen unermüdlich weiteres Geld ein. Denn auch die Kirchensteuer in Linden brachte nur recht wenige Einnahmen: Pro Jahr kamen von über 2.400 Steuerpflichtigen (die meisten von ihnen Arbeiter) nur 2.234 Mark herein, im Durchschnitt pro Steuerpflichtigen gerade einmal 92 Pfennig. Zum Vergleich: Die Versorgung einer fünfköpfigen Familie mit Lebensmitteln kostete pro Tag etwa 2,50 Mark, ein Facharbeiter verdiente knapp drei Mark pro Tag.

Für den Bau des neuen Gotteshauses wurde Architekt Christoph Hehl beauftragt, der bereits die Godehardkirche und das erste Lindener Rathaus in der Deisterstraße errichtet hatte. Der Entwurf von Hehl sah Baukosten von 85.000 Mark vor – eine

Schornsteinfegerhochzeit 1952 in der Bennokirche.

Summe, die den gesammelten Geldbetrag bei Weitem überstieg. So wurde er aufgefordert, die Kirche erst einmal ohne Turm zu planen oder wie bei der St.-Godehard-Kirche nur einen kleinen Dachreiter vorzusehen. Hehl war von dieser Idee nicht angetan, seiner Meinung nach hätte sich dadurch der Gesamteindruck der Kirche deutlich verschlechtert. Hehls kostensparender Vorschlag, die Frontseite der Kirche turmartig zu konstruieren und dort den Glockenstuhl zu integrieren, wurde vom Kirchenvorstand angenommen. Am 5. Oktober 1901 legte Pastor Henniges persönlich den Grundstein. Im frühgotischen Stil entstand nun der neue Bau. Mit Innenmaßen des Mittelschiffs von 35 Metern Länge und 15 Metern Breite fasste die zweite katholische

Lindener Kirche etwa 1.200 Gläubige. Ein Jahr später, am 26. Oktober 1902, konnte die Bennokirche ihrer Bestimmung übergeben werden. Pastor Henniges, der sich unermüdlich für den Neubau eingesetzt hatte, erlebte diesen Moment nicht mehr. Er verstarb am 19. Juli 1902 und wurde in der noch im Bau befindlichen Bennokirche beigesetzt. 1909 benannte die Stadt Linden ihm zu Ehren einen Teil der Velvetstraße in Hennigesstraße um.

Nahe der Bennokirche entstanden weitere katholische Einrichtungen wie das St.-Josef-Stift mit Krankenhaus und Kindergarten sowie die katholische Bekenntnisschule St. Benno. Unter den zahlreichen katholischen Vereinigungen, die sich in der Folgezeit gründeten, hatte der katholische Arbeiterverein in Linden besondere Bedeutung: Mit karitativen Tätigkeiten unterstützte er die Industriearbeiter der Bennogemeinde und förderte sie durch Bildungsarbeit. Viele Gemeinschaften wurden im Nationalsozialismus (1933–1945) verboten, der katholische Arbeiterverein überstand diese Zeit als „Singgemeinschaft von 1879“. Während der Hitler-Diktatur war die St.-Bennokirche Ort des katholischen Widerstands. Wilhelm Offenstein, von 1928 bis 1936 Pastor der Gemeinde, galt als entschiedener Gegner des Faschismus, was er auch in seinen Predigten kundtat. Dafür setzen ihn die Nazis dauerhaften Schikanen aus. Einer seiner späteren Nachfolger, Otto Bank, übernahm ab September 1943 die Pfarrstelle an St. Benno. Die Gestapo hatte den Pastor bereits im März 1938 verhaftet, weil er sich öffentlich gegen den „Anschluss“ Österreichs an das Deutsche Reich ausgesprochen hatte. Nach längerer Untersuchungshaft wurde Otto Bank im Sommer 1939 wegen Verstoßes gegen das „Heimtückegesetz“ zu einer einjährigen Haftstrafe verurteilt. Als man ihn 1940 aus dem Gefängnis entließ, stand er unter dauerhafter Beobachtung der Gestapo, was erhebliche Freiheitseinschränkungen bedeutete.

Im März 1945 zerstörte eine Fliegerbombe das linke Seitenschiff und Teile des Pfarrhauses. Erst nach Kriegsende konnte mit dem Wiederaufbau begonnen werden. Viele freiwillige Helfer und Baufachleute richteten das zerstörte Seitenschiff innerhalb von fünf Monaten wieder her. Pfarrer Otto Bank, der ebenfalls beim Wiederaufbau der Kirche tatkräftig mitgeholfen hatte, kümmerte sich nun intensiv um die Ost-Flüchtlinge und Vertriebenen, die zu Tausenden nach Hannover strömten. Er baute Seelsorgeeinrichtungen für Traumatisierte und eine Caritas-Hilfsorganisation auf. Da im zerstörten Hannover dringend Wohnraum benötigt wurde, engagierte sich Bank auch für den Aufbau der Wohnungsbaugenossenschaft „Heimatwerk“ und für sozialen Wohnungsbau. Für seine großen Verdienste wurde er später mit dem Bundesverdienstkreuz ausgezeichnet.

Ein besonderes Geschenk bekam die St.-Bennokirche im Jahr 1950 von der Münchener Frauenkirche: ein Knochenstück des heiligen Benno, das als Reliquie in ein verziertes Kreuz eingefasst wurde. Sicher verwahrt in einem Tresor, wird die Reliquie einmal im Jahr beim Sommerfest der Gemeinde gezeigt.

Eine Besonderheit der Bennogemeinde sind die portugiesischen Gottesdienste, die seit 1973 von der portugiesischen katholischen Mission durchgeführt werden. Seit

2008 ist St. Benno Zentrum des offenen Projekts „soul side linden“, das Menschen zusammenbringen will, die als Einsteiger oder nur sporadisch mit Kirche zu tun haben.

Der heilige Benno

Der heilige Benno, Namenspatron der St.-Bennokirche, war ab dem Jahr 1066 Bischof von Meißen. Als Symbol trägt er Fisch und Schlüssel in den Händen. Die Legende erzählt, dass er während der Streitigkeiten zwischen dem deutschen Kaiser und dem Papst treu zur Kirche hielt und dafür vom Kaiser des Landes verwiesen wurde. Bei seinem Weggang warf er den Schlüssel des Meißner Doms in die Elbe. Als er nach langer Zeit zurückkehrte, machte er Rast in einem Gasthaus. Die Wirtin zeigte ihren Gästen einen großen Schlüssel, den sie beim Ausnehmen eines Fisches in den Eingeweiden gefunden hatte. Benno erkannte den Domschlüssel wieder und sah es als ein Zeichen Gottes, sein Bistum wieder zu verwalten.

VI

LINDENER ORTE

STREIFZUG 16

Kalksteinlieferant, Beobachtungsposten, Ausflugsziel: der Lindener Berg

Mit 89 Metern über NN gehört der Lindener Berg zu den höchsten Erhebungen Hannovers. Er besteht größtenteils aus Kalkstein, was ihn schon für frühere Generationen interessant machte. Denn Kalkstein wurde als Baumaterial für Gebäudefundamente, Mauern und Türme benötigt. Schon früh entstanden an der Ostseite des Berges Steinbrüche und Kalkgruben. Auch die mittelalterliche Stadt Hannover betrieb am Lindener Berg einige Steinbrüche. So nutzte sie das abgebaute Material für den Bau der Marktkirche und der Stadtmauer.

Ebenfalls aus Kalkstein ist der massive Rundturm auf dem Gipfel des Lindener Berges. Seit 600 Jahren besteht der Turm des heutigen Biergartens und war oft Zeuge kriegerischer Auseinandersetzungen. Erbaut als Wartturm im Jahr 1392, diente er

Beinahe ländlich: der Lindener Berg im Jahr 1904.

Einst Wehrturm, dann Windmühle, heute Ausschankstätte für den Biergarten: der „Lindener Bergfred".

Hannover als Beobachtungsposten. Die abkommandierten Wachen konnten vom Turm aus herannahende feindliche Truppen frühzeitig erkennen und mit Signalhorn die hannoverschen Stadtwachen informieren, die sofort die Stadttore schlossen.

In Kriegszeiten war der Lindener Berg ein strategisch wichtiger Standort. Von hier hatte man einen guten Blick auf Hannover und konnte den westlichen Zugang der Stadt (die Ihmebrücke am Schwarzen Bären) kontrollieren. Mehrfach suchten feindliche Truppen den Lindener Berg auf, so auch im Dreißigjährigen Krieg. In Deutschland tobten Kämpfe zwischen katholischer Liga und protestantischer Union. Katholische kaiserliche Truppen unter Leitung von Generalfeldmarschall Tilly erreichten im Oktober 1625 das protestantische Hannover, errichteten ihr Lager am Lindener Berg und forderten Einlass in die Stadt. Tillys Parlamentär wurde von den hannoverschen Ratsherren ohne Antwort zurückgeschickt. Die gut befestigte Stadt wollte sich nicht kampflos ergeben. Und das Glück war bei den Hannoveranern: In der Nähe lagerten befreundete dänische Truppen, die der Stadt zu Hilfe kamen. Daraufhin gab Tilly seinen Plan auf und zog nach vier Tagen mitsamt seiner Truppen ab.

Die Einwohner des kleinen Dorfes Linden am Rande des Lindener Berges bekamen die Folgen jedes Krieges besonders stark zu spüren. Einquartierungen, Plünderungen und Brandschatzung gehörten zu den wiederkehrenden Ereignissen. Erst im Jahr 1648 endeten die Kriegshandlungen, der Westfälische Friede wurde verkündet. Zwei Jahre später ließ Welfenherzog Georg Wilhelm den Wehrturm auf dem Lindener Berg zu einer Windmühle umbauen, da durch Überschwemmungen im hannoverschen Umland einige Mühlen beschädigt worden waren. Die Bauern der Umgebung mussten nun in der neuen Zwangsmühle ihr Getreide mahlen lassen. Um die Windmühle wurde während des Siebenjährigen Krieges (1756–1763) eine Festungsanlage gebaut, die Georgen-Schanze. Dort waren Soldaten zur Verteidigung Hannovers stationiert. Der Mühlenturm bildete nun – mit abgenommenen Flügeln – den Mittelpunkt der Festung. Nach Kriegsende konnte die Mühle wieder genutzt werden, die Festung hingegen wurde eingeebnet.

1746 gab der hannoversche Rat die Steinbrüche wegen Unwirtschaftlichkeit auf, während Privatleute weiterhin Kalksteinabbau betrieben. Johann Egestorff war einer von ihnen. Mit 31 Jahren übernahm der gelernte Böttcher 1803 vom verschuldeten Friedrich Stuckenbrock die ehemals gräfliche Kalkbrennerei.

Schon in den ersten Jahren konnte Egestorff durch den Gewinn bringenden Kalkhandel weitere Grundstücke auf dem Lindener Berg kaufen und erweiterte seine Steinbrüche. Mehr und mehr verwandelten sich Teile des Lindener Berges durch qualmende Kalköfen und große Steinbruchfelder in eine ausgebeutete und trostlose Landschaft. Oben auf der Bergkuppe aber war die Welt in Ordnung: Hier stand die Lindener Mühle

General-Feldmarschall Tilly empfing am 26. Oktober 1625 durch seinen Parlamentär die Abweisung der Hannoveraner. Seit 1927 wird der ehemalige Wehrturm für die Gastronomie genutzt.

Johann Egestorff (1772–1834), der „Kalkjohann".

und eine vom Müller errichtete Wirtschaft, die Egestorff 1824 pachtete. Neben der Mühle ließ Egestorff ein Jahr später ein Berggasthaus im Villenstil errichten. Entworfen hatte das Gebäude kein Geringerer als der führende Architekt des Königreichs Hannover, Hofbaurat Georg Ludwig Friedrich Laves. Vom Berggasthaus hatte man einen hervorragenden Blick über das Umland, sodass es sich zu einem beliebten Ausflugsziel für Erholungssuchende und Maler entwickelte. Sogar der auf beiden Augen blinde hannoversche König Georg V. kam einmal zu Besuch.

1876 musste das Berggasthaus einem Wasserhochbehälter weichen, der ab 1878 Hannover und später auch Linden mit Trinkwasser versorgte. Der festungsartige Bau ist noch heute in Betrieb. Auf dem Dach befinden sich die Teleskope der Volkssternwarte Hannover. Daneben steht der Turm der bis 1927 genutzten Windmühle. Die Flügel brannten im Zweiten Weltkrieg ab, als alliierte Flieger eine nahestehende Flakstellung angriffen. Seitdem steht der Turm wieder ohne Flügel da – so wie einst, als er als Wehrturm erbaut wurde.

Johann Egestorff schaffte es, durch Grundstückstausch und Aufkäufe den größten Teil des Lindener Berges in seinen Besitz zu bringen. Die Spuren, die er dort hinterließ, wurden teilweise beseitigt: Das Kalkbrennerhäuschen, das Egestorff mit seiner Frau bis 1812 bewohnte, riss man 1969 für den Neubau der IGS Linden ab. Und auf dem

Gelände der ehemaligen östlichen Steinbrüche spielen heute im Stadion die Fußballer von Linden 07. In der Nähe des Stadions aber erinnert ein Egestorff-Denkmal an den „Gründer der Lindener Industrie".

Nach dem Tod von Johann Egestorff verkaufte sein ältester Sohn Georg einige der Grundstücke auf dem Lindener Berg, u. a. an die Brauerei Meyer & Brande. Diese legte um 1850 unter ihrem neuerworbenen Grundstück drei Eiskeller an. Darin wurde das im Winter von den Maschwiesen geholte Eis gelagert, um im Sommer das ausgeschenkte Bier kühl lagern zu können. Die Keller wurden später für die Champignonzucht und während des Zweiten Weltkriegs als Bunker genutzt.

Georg Egestorff hatte auch die Lindener Kirchengemeinde mit einem Berggrundstück bedacht. Dort wurde ein Friedhof angelegt. Dafür bekam Georg Egestorff von der Kirche das Recht, mit seinen Salzwagen die Badenstedter Straße befahren zu dürfen. 1862 wurde der Bergfriedhof eröffnet und gut 100 Jahre später, im Jahr 1965, geschlossen. Seitdem ist der Friedhof öffentliche Grünfläche. Hier steht auch der Küchengartenpavillon als zentraler Informationspunkt für den Lindener Berg und Veranstaltungsort für Ausstellungen, Lesungen und Konzerte.

Auch die Grünflächen des Lindener Berges tragen Geschichte in sich. Vom ehemaligen Graf-von-Platen-Barockgarten ist heute nur noch ein kleiner Teil (der Von-Alten-Garten) vorhanden. Das Ende des 17. Jahrhunderts erbaute Schloss wurde im Zweiten Weltkrieg zerstört. Überreste der Gartenmauer stehen neben der Straße Wachsbleiche.

Sogar der hannoversche König war zu Gast im Berggasthaus von Johann Egestorff.

Das Lindener Schlösschen. Einst wohnte hier der Mittelschuldirektor Osmers. Heute ist im Gebäude ein Zahnarzt mit seiner Familie ansässig.

Die Kleingartenanlagen auf dem Lindener Berg gehören zu den ältesten Kolonien Hannovers, und am Nordhang des Berges hat der Botanische Schulgarten seit 1919 seinen Standort. Einige interessante Gebäude finden sich entlang der Straße Am Lindener Berge. Das wohl älteste Fachwerkhaus Lindens trägt die Hausnummer 16. Etwas weiter bergauf erhebt sich stolz das Lindener Schlösschen, eine Anfang des 20. Jahrhunderts für den Mittelschuldirektor Hinrich Osmers errichtete Villa.

Die Attraktivität des Lindener Berges war und ist bis heute wegen der Naturerlebnisse und der Freizeit-, Sport- und Kulturveranstaltungen ungebrochen. Während früher Schützenfeste, winterliches Schlittenrodeln oder Sandkistenrennen die Menschen anzogen, kommen sie heute zum weltweit bekannten Jazz-Club, zum Mittwochtheater oder zu Events wie dem Scilla-Blüten-Fest, dem jährlichen Radrennen oder dem Tag der Offenen Tür.

Weitere Informationen:
Zentraler Informationspunkt für den Lindener Berg ist der Küchengartenpavillon. Dort sind auch Broschüren über die Geschichte des Lindener Berges erhältlich.
Näheres unter www.quartier-ev.de

Events auf dem Lindener Berg: das Seifenkistenrennen und das jährlich stattfindende Scilla-Blüten-Fest.

STREIFZUG 17

Verkehrsknoten und Eingangstor nach Linden: der Schwarze Bär

An einem Sommertag im Jahre 1751 entliefen im Lindener Umland zwei Schweine ihrem Besitzer und landeten am Gasthaus „Schwarzer Bär". Der ehrliche Wirt schlachtete sie nicht für seine Küche, sondern schaltete eine Zeitungsanzeige unter der Rubrik „Sachen, so gefunden". Diese Anzeige, auf die Dr. Karljosef Kreter vom Stadtarchiv Hannover stieß, ist die erstmalige schriftliche Erwähnung des Namens Schwarzer Bär. Während der Volksmund den Platz schon seit zwei Jahrhunderten so nennt, wurde der Name Schwarzer Bär erst 1954 offiziell eingeführt. Die Straße Schwarzer Bär war bis dahin ein Teil der Deisterstraße. Das merkt man auch heute noch: Die Hausnummern 1 bis 8 in der Deisterstraße sucht man vergeblich: Sie tragen die Adresse Schwarzer Bär 1 bis 8.

Der Schwarze Bär bildet das Eingangstor nach Linden. Mehrere Straßen und zwei Bahnlinien führen hier entlang. Damit ist er ein wichtiger Verkehrsknotenpunkt. Schon im 17. Jahrhundert kreuzten sich hier die aus Westen kommenden Landstraßen und führten über die damals noch hölzerne Ihmebrücke in die Residenzstadt Hannover. Das Gelände des heutigen Schwarzen Bären war zu der Zeit noch wenig bebaut. Vor

Schon im Jahr 1900 war der Schwarze Bär ein Verkehrsknotenpunkt. Rechts das „Hotel zum Schwarzen Bären", das 1902 durch einen repräsentativen Neubau ersetzt wurde.

Das neue Wahrzeichen ab 1902: das Jugendstilgebäude am Schwarzen Bären.

der Brücke standen die zwei Gasthäuser „Schwarzer Bär“ und „Falkonierhof“, in denen Durchreisende eine Pause einlegten.

Erst Anfang des 19. Jahrhunderts begann die verstärkte Erschließung des Schwarzen Bären. Manch prominenten Zeitgenossen zog es hierher: Der königliche Hofbaurat Georg Ludwig Friedrich Laves erbaute sich 1820 nach eigenen Plänen ein vornehmes Wohnhaus nahe der Ihmebrücke. Das Gebäude mit klassizistischer Fassade verkaufte Laves kurze Zeit später an Georg Egestorff, den zu Wohlstand gekommenen Gründerpionier der Lindener Industrie. Das Wohnhaus existiert nicht mehr – dort befindet sich heute der Rewe-Markt (ehemals Woolworth).

Der Platz rund um den Schwarzen Bären entwickelte sich in den 1880er-Jahren immer mehr zu einem Mittelpunkt Lindens; zusammen mit der angrenzenden Deisterstraße, in der neue Hotels, ein Krankenhaus und die erste Lindener Apotheke entstanden waren. Auf dem neuen Wochenmarkt übertönten die Händler nicht nur sich selbst, sondern auch den Verkehrslärm. Und eine Pferdebahnlinie – die erste in Hannover – führte vom Schwarzen Bären zum hannoverschen Bahnhof.

Als Linden am 1. April 1885 die Stadtrechte verliehen wurden, verbesserte sich die finanzielle Situation deutlich. Ein eigenes Bauamt sorgte jetzt für gezielte Stadtplanung. Am Schwarzen Bären und entlang der Falkenstraße entstanden repräsentative Wohn- und Geschäftshäuser. Damit wollte der Lindener Magistrat die Arbeiter- und

Jürgen Wessel, der Initiator und Hauptsponsor der Bären-Skulptur, die am 7. Dezember 2005 am Schwarzen Bären aufgestellt wurde. Sie gilt als neues Wahrzeichen des Stadtplatzes.

Industriestadt auch für vermögende Bürger attraktiv machen. Im Jahre 1902 eröffnete das neue Gasthaus „Zum Schwarzen Bären". Der prachtvolle Jugendstilbau mit Festsälen, Gesellschaftszimmern, Speisesaal und Weinstube wurde als neues Wahrzeichen Lindens gefeiert. Auf dem Dach des Hauses thronte, wie schon beim Vorgängerbau, eine große Wetterfahne in Form eines Schwarzen Bären. Die Lindener spotteten: Das Hinterteil des Bären zeige sehr oft nach Hannover und mache damit deutlich, was die Einwohner der Arbeiterstadt vom feinen Nachbarn halten.

Bis etwa 1911 bekam der Schwarze Bär seine heutige Ausdehnung. Er galt mit den aufwendig gestalteten Häuserfassaden mit Ornamenten, Türmchen und Erkern als Visitenkarte Lindens. Das zehngeschossige Capitolhaus vollendete 1930 die Bebauung des Platzes. Es war das erste Hochhaus Lindens und beherbergte unter anderem ein Kino mit über 1.200 Plätzen.

Ende der 1920er- und Anfang der 1930er-Jahre wurde der Schwarze Bär immer wieder zum Schauplatz heftiger politischer Kämpfe. Den Nationalsozialisten war das von Sozialdemokraten, Arbeitern und Linken dominierte „rote Linden" ein Dorn im Auge. An einem Oktobertag des Jahres 1929 kam es zur Eskalation der Gewalt. Nach einer NSDAP-Veranstaltung in der Deisterstraße prügelten sich rechte Braunhemden und protestierende Lindener. Die blutige Auseinandersetzung mit vielen

Verletzten ging als „Schlacht am Schwarzen Bären" in die Lindener Geschichte ein. Weitere heftige Zusammenstöße folgten, u. a. im Juli 1932: 1.500 Nationalsozialisten marschierten auf die Ihmebrücke zu, um in Linden einzudringen. Eine riesige Menschentraube aus Gegendemonstranten stellte sich ihnen entgegen und verhinderte den Nazi-Einmarsch.

Nach der Machtübernahme Hitlers hatten besonders die jüdischen Mitbürger zu leiden. Alteingesessene jüdische Geschäftsleute, die das Bild am Schwarzen Bären jahrzehntelang mitgeprägt hatten, wurden ab 1933 terrorisiert, enteignet und später auch deportiert. Manche aber konnten rechtzeitig ins Ausland flüchten. So wie Walter Sochaczewski. Seit 1922 hatte der beliebte Kinderarzt am Schwarzen Bären eine Praxis geführt, manch ein Kind aus armer Familie kostenlos behandelt. 1936 floh er mit seiner Frau und beiden Töchtern über Holland und die Schweiz nach Brasilien.

Viele Gebäude am Schwarzen Bären können Kriegsgeschichte erzählen. So nutzten die Nationalsozialisten ein Haus als Zwangsarbeitslager. Dort waren u. a. auch italienische Saisonarbeiter untergebracht, die Mussolini dem verbündeten Deutschland zur Verfügung gestellt hatte. Einige Häuser fielen den Fliegerangriffen zum Opfer, andere blieben im Originalzustand erhalten: die Gebäude Schwarzer Bär Nr. 1, 3, 5, 7 im Stil nordischer Renaissance geben noch einen kleinen Eindruck vom ehemals repräsentativen Eingangstor Lindens. Das Gasthaus „Zum Schwarzen Bären" hingegen, Wahrzeichen des Platzes, brannte 1943 nach einem Bombentreffer aus. Man ersetzte es nach dem Krieg durch einen nüchternen Neubau, in dem ein Kino und später das erste McDonald's-Restaurant Hannovers einzog. Seit 2005 gibt es wieder ein neues Wahrzeichen am Platz: die viereinhalb Tonnen schwere Skulptur eines schwarzen Bären.

STREIFZUG 18

Prächtiger Mittelpunkt der jungen Stadt: der Lindener Marktplatz

Dreckig, proletarisch, arm. Solche Worte pflegte der Hannoveraner zu wählen, wenn er über Linden sprach. Auch als Linden am 1. April 1885 die Stadtrechte verliehen bekam, spottete man in Hannover noch immer über das „Industriedorf". Das änderte sich, als 1898 das neue Lindener Rathaus am großzügig angelegten Marktplatz eingeweiht wurde. Selbst hannoversche Architekten zollten dem prächtigen Bau Lob. Rund um den Marktplatz entstand nun ein neuer Mittelpunkt mit fast großstädtischem Flair. Treffend beschrieb der Autor Franz Rudolf Zankl im Bildband „Plätze in Hannover" diese Entwicklung: „Der Lindener Marktplatz symbolisiert wie kein anderer Platz in Linden den Aufstieg vom ‚größten Dorf Preußens' zur ‚selbstbewussten (Industrie)-Stadt'."

Die neue Visitenkarte Lindens: der Marktplatz im Jahre 1903. Baumbepflanzung und anspruchsvolle Architektur bestimmen das Bild.

Eine Art Marktplatz hatte sich in Linden bereits 1883 am Schwarzen Bären herausgebildet. Dort fand regelmäßig ein Wochenmarkt statt, der dank der Initiative des Lindener Bürgervereins entstanden war. Etwas entfernt, an der Gabelung Ricklinger- und Deisterstraße, hatte man 1884 das erste Rathaus Lindens erbaut. Als Linden 1885 die Stadtrechte erhielt, verbesserte sich die prekäre finanzielle Situation des Ortes deutlich. Alleine die Gewerbesteuern stiegen um das Vierfache. Trotzdem verfügte Linden im Vergleich zur Residenzstadt Hannover über einen sehr bescheidenen Etat.

Bürgermeister Georg Lichtenberg und der Lindener Magistrat verfolgten nun das ehrgeizige Ziel, die Finanzkraft Lindens deutlich zu stärken. Man wollte den bürgerlichen Mittelstand in die Stadt holen und erhoffte sich dadurch mehr Kaufkraft und höhere Steuereinnahmen. Die junge Stadt, hauptsächlich durch Industrie und Arbeiterquartiere geprägt, musste dazu ihr Erscheinungsbild ändern. Durch den Bau großer Komfortwohnungen und repräsentativ gestalteter Plätze förderte man den Zuzug der Besserverdienenden.

Da kamen die Pläne des Barons von Alten gerade zur rechten Zeit. Im Jahre 1888 wandte er sich mit einem Vorschlag an den Lindener Magistrat. Dort, wo der ausgebaute Teil der Falkenstraße endete und noch der alte Dorfkern mit Bauernhäusern existierte, könnte doch ein neuer Marktplatz entstehen, als Standort für einen Wochenmarkt und eventuell auch für ein neues Rathaus. Baron von Alten und Fabrikant Hermann Stephanus wären dazu bereit, ihre Grundstücke zur Verfügung zu stellen.

Markttreiben auf dem Lindener Marktplatz, 1910.

Bisher war dieser Bereich Lindens eher ländlich geprägt gewesen. Die in Teilen großstädtisch bebaute Falkenstraße endete, vom Schwarzen Bären aus kommend, in etwa auf Höhe der heutigen Stephanusstraße. Dann machte sie einen 90-Grad-Knick nach rechts und führte in unregelmäßigem Verlauf durch den historischen Dorfkern. Hier standen noch die Höfe einiger Bauernfamilien. Die neuen Pläne des Barons stießen auf große Widerstände der ansässigen Landwirte. Sie waren nicht bereit, ihre Hofstellen für die städtische Umgestaltung abzugeben. Dem Plan des Barons folgte der Lindener Magistrat trotzdem. Die Bauern sollten enteignet werden und Entschädigungszahlungen bekommen. Baron von Alten und Fabrikant Stephanus kamen mit der Stadt Linden überein, die Entschädigungszahlungen an die Bauern aus ihrer eigenen Tasche zu zahlen. Denn sie hatten größere Grundstücke in diesem Bereich und ein starkes Interesse an der Umgestaltung.

Erst nach länger anhaltendem Widerstand und zähen Verhandlungen mit den Bauern begann 1896 die Umsetzung der Pläne. Die Ausführung oblag Stadtbaumeister Georg Fröhlich. Die alten Bauernhäuser wurden abgerissen und ein großzügiger Marktplatz angelegt, mit anspruchsvoller Baumbepflanzung in der Mitte. Den Wochenmarkt vom Schwarzen Bären verlegte man nun hierher. Noch im gleichen Jahr wurde feierlich ein neuer Brunnen eingeweiht, den Lindener Bürger gestiftet hatten. Ursprünglich sollte dieser von Bildhauer Hans Dammann geschaffene Brunnen auf dem hannoverschen Holzmarkt stehen, man entschied sich dort aber für ein anderes Modell. Da die

Der Lindener Marktplatz im Jahre 1916. Der „Nachtwächter“ blickte damals noch in Richtung Falkenstraße. Heute steht er mit dem Rücken zum Rathaus.

Brunnenfigur des Türmers (Turmwächters) in Linden keine Tradition hatte, wurde sie kurzerhand zu einem Nachtwächter umgedeutet. Von nun an hieß der Brunnen „Nachtwächterbrunnen“.

1896 schrieb der Lindener Magistrat einen Wettbewerb für ein neues Rathaus aus. 35 Architekten nahmen teil, der Entwurf von Emil Seydel, der sich an mittelalterlicher Backsteingotik orientierte, wurde schließlich umgesetzt. Anhand der Baupläne wuchs das imposante Gebäude immer mehr in die Höhe. 1898 weihte man das neue Rathaus ein, das durch Erkertürme und Staffelgiebel, Dachreiter und reichhaltige Ornamente beeindruckte. Allerdings musste der Lindener Magistrat auch Kritik einstecken. Denn das alte Rathaus an der Deisterstraße war gerade einmal zwölf Jahre alt und hätte möglicherweise kostengünstig erweitert werden können. Stattdessen fielen 495.000 Mark für den Neubau an, wodurch notwendige Kanalisationsprojekte und die städtische Krankenversorgung zurückgestellt werden mussten.

Gegenüber dem neuen Rathaus wurde ein Jahr später das kaiserliche Reichpostamt in neugotischem Stil fertiggestellt und die Posthornstraße ausgebaut. Um 1900 entstanden die meisten Wohnhäuser entlang des Marktplatzes im Gründerzeitstil mit teils reichlich verzierten Außenfassaden. In einem dieser Häuser, dem Eckhaus Lindener Marktplatz 2, wurde 1906 Hannah Ahrendt geboren. Die deutsch-jüdische Historikerin und Philosophin floh 1933 vor dem Naziterror nach Amerika.

Das Hannah-Ahrendt-Geburtshaus an der Falkenstraße, 1907.

Die junge Stadt Linden hatte mit dem neuen Marktplatz nun einen prächtigen Mittelpunkt, der sich zu einem bürgerlichen Zentrum in Linden entwickelte. Das zeigte sich auch an den Wahlergebnissen: Während in den meisten Lindener Arbeiterwohnbezirken deutlich über 50 Prozent die Sozialdemokraten wählten, waren es in manchen Bezirken von Linden-Mitte gerade einmal 33 Prozent.

Im Zweiten Weltkrieg blieb auch Linden von Bombentreffern nicht vollkommen verschont. Besonders stark war die Falkenstraße betroffen. In der früher prachtvollen Repräsentations- und Geschäftsstraße mit Baumalleen standen fast nur noch rauchende Ruinen. Auch das prächtige Rathaus am Lindener Marktplatz war 1943 durch Fliegerbomben schwer beschädigt worden. In der Nachkriegszeit begann man mit dem Wiederaufbau, meist im Zeitgeist der 1950er-Jahre. Ein Teil des zerstörten Rathauses wurde in den Jahren von 1954 bis 1956 stark vereinfacht wiederhergestellt. Den Gebäudeteil am Markt allerdings trug man ab und ersetzte ihn durch einen nüchternen Anbau. Manches, was den Krieg überstanden hatte, wurde später noch Opfer der Abrissbagger: Das nahezu intakte Reichspostamtsgebäude ersetzte man 1960 durch einen etwa gleich großen Neubau, in dem sich noch heute die Post befindet. Allerdings erhielt der Markt 1977 auch etwas „Historisches“: vier gusseiserne Bogenlampen, die den Platz in der Nacht beleuchten. Die aus dem 19. Jahrhundert stammenden Straßenlaternen waren ursprünglich Gaslampen und wurden als elektrische Laternen umgerüstet.

Erst seit dem Jahr 1957 ist der Name Lindener Marktplatz offiziell. Bis dahin hieß die korrekte Adresse Marktplatz. Seit 1981 ist das Lindener Rathaus Sitz der Bezirksbürgermeister, der Stadtteilbibliothek, des Bürgeramts und es beherbergt die Szenekneipe „GIG“. Am vereinfacht wiederhergestellten Rathausgebäude zeigt sich noch heute das Selbstbewusstsein der damals aufstrebenden Industriestadt: Unter dem Rathausbalkon findet sich ein Mosaik mit dem Stadtwappen der ehemals eigenständigen Stadt Linden.

VII

LINDENER KULTUR UND FREIZEIT

STREIFZUG 19

Eine Lindener Legende: das Apollokino zeigt seit 1908 bewegte Bilder

Charlie Chaplin, der große Komiker der Stummfilmzeit, war gerade vier Jahre alt, als die Bilder laufen lernten. Im Februar 1894 fand in New York erstmals öffentlich eine Filmvorführung statt. Die „bewegten Bilder" begeisterten das staunende Publikum. Gut ein Jahr später wurde die Filmtechnik dann auch in Deutschland präsentiert: im Berliner Wintergarten-Varieté gegen Bezahlung. Anfangs dienten die gezeigten Filme hauptsächlich als Ergänzung zu anderen Veranstaltungen in Hotels und Gasthäusern. Zur Jahrhundertwende entstanden dann die ersten stationären Kinos, in denen regelmäßig Filme vorgeführt wurden. Im Jahre 1908 bekam auch Linden sein erstes Kino. Die 23-jährige Wilhelmine Kaufmann übernahm den Tanzsaal Sander und ließ ihn kurzerhand in ein Kino mit 300 Plätzen umbauen. So gingen die Lindener, wenn sie

Bis 1908 wurden im einstigen „Tanzsaal Sander", dem späteren Apollokino, noch Hochzeiten gefeiert.

Wilhelmine Kaufmann, die Gründerin des Apollo.

„lebende Fotografie" sehen wollten, zu „Sander". Der neue Name Apollo setzte sich erst allmählich durch.

Auf dem Spielplan standen anfangs – technisch bedingt – nur Kurzfilme von wenigen Minuten Länge. Gezeigt wurden alltägliche Szenen oder gespielte Witze wie z. B. das boxende Känguru. Die Filmvorführungen waren so beliebt, dass das Apollo regelmäßig ausverkauft war. Um dem großen Andrang Herr zu werden, wurden auch Stehplätze eingerichtet. Das Geschäft lief so gut, dass Wilhelmine Kaufmann und ihr Bruder bald weitere Filmtheater in Linden übernahmen, z. B. das Victoria-Theater am Schwarzen Bären oder das Luna in der Nieschlagstraße.

Obwohl die geschäftstüchtige Kinobesitzerin nun mehrere Filmtheater leitete, schaute sie sich nie einen Kinofilm an. Ihr Tagesablauf begann mit einem Frühstück am späten Vormittag, gefolgt vom täglichen Frisiertermin im eigenen Haus. Danach ließ sich Wilhelmine Kaufmann per Taxi zu ihren Lichtspielhäusern chauffieren, um die Kinoeinnahmen des Vortages zu kassieren. Ihr Mann Heinrich, ein Ingenieur, tüftelte derweil in seiner Erfinder-Werkstatt am Schwarzen Bären.

Die Folgejahre brachten Fortschritte in der Filmtechnik: Spielfilmlänge und Bildqualität wuchsen. Neue Stars wie die Dänin Asta Nielsen oder die polnische Schauspielerin Pola Negri eroberten die Leinwand des Apollo. Bis Anfang der 1930er-

Henk ter Horst mit Achim Flebbe.

Jahre wurden die gezeigten Stummfilme mit Klavier begleitet (große Kinos hatten sogar Orchesterbegleitung), dann hielt der Tonfilm auch im Apollo Einzug. Nun liefen beliebte deutsche Filme, z. B. „Die drei von der Tankstelle" mit Heinz Rühmann. Auch während des Zweiten Weltkriegs gingen die Filmvorführungen weiter – bis zum 26. Oktober 1944, als eine Bombe im Nebenhaus einschlug. Die Trümmer versperrten den Zugang zum Kino. Auch der Vorraum und die Kasse waren teilweise zerstört.

Direkt nach Kriegsende im Mai 1945 ließen die Alliierten alle Kinos schließen. Nur wenige Lichtspielhäuser durften für die Besatzungstruppen Filme spielen. In Hannover war das Kino Victoria in der Alten Celler Heerstraße ausgewählt worden. Mit einer Lizenz der Militärregierung durfte das Apollo im Juli 1945 wiedereröffnen. Ein Neubeginn, den die Kinogründerin Wilhelmine Kaufmann nicht mehr erlebte: Im Juni war sie an einer Lebensmittelvergiftung verstorben. Ihre Tochter Jutta und deren Mann Henk ter Horst übernahmen die Kinoleitung.

Kino war ein Lichtblick in der grauen Nachkriegszeit, entsprechend standen die Leute oft bis auf die Straße, um Eintrittskarten zu bekommen. Zweimal in der Woche wechselte das Programm im Apollo, amerikanische Filmstars wie John Wayne oder Gregory Peck waren auf der Leinwand zu sehen. Mit Einzug des Fernsehens in die Privathaushalte fanden ab Mitte der 1950er-Jahre immer weniger Besucher den Weg ins

Kino. Viele Lichtspielhäuser stellten den Betrieb ein. Anfang der 1970er-Jahre schien auch das Apollo als letztes hannoversches Stadtteilkino kurz vor dem Aus zu stehen. Nur noch mit Western und „Schulmädchen-Reports" hielt man sich gerade so über Wasser.

Eines Tages kam ein junger Student an die Kinokasse und stellte sich vor. Er heiße Achim Flebbe, sei Mitglied im hochschulinternen Filmklub und vermisse in Hannover ein Kino mit mehrmals in der Woche wechselndem Programm. Seine Idee: Es sollten nicht nur neue Filme gezeigt werden, sondern auch alte Filmklassiker wiederholt werden. Der Besitzer Henk ter Horst war überrascht und überließ dem jungen Mann zunächst für einen Monat die Auswahl der Filme. Ständig ausverkaufte Vorstellungen brachten den Erfolg zurück. Linden hatte nun eines der ersten Programmkinos in Deutschland. Achim Flebbe, der damalige Student, eröffnete 1976 sein eigenes Kino am Raschplatz und 1991 das erste Cinemaxx in der Nikolaistraße. Heute ist Flebbe geschäftsführender Gesellschafter der Cinemaxx AG. Dass er im Apollo auch am Projektor die Filmrollen selbst eingelegt hat, ist übrigens nur eine Legende.

Das Apollo ist für die Zukunft gut gerüstet. Filme lassen sich nun auch von der Festplatte abspielen (digitales Kino). Neue französische Hochpolstersessel wurden eingebaut und der Reihenabstand wurde vergrößert. Auf 214 Plätzen können die Zuschauer aktuelle Kinofilme und Klassiker anschauen. Für junge Eltern gibt es das Kinderwagenkino (mit gedämpften Licht und Ton), für Schulklassen die Schul-Kino-Tage. Auch Live-Veranstaltungen wie „Desimos Lindener Spezial Club" finden in dem geschichtsträchtigen Zuschauersaal statt.

STREIFZUG 20

Alle unter einem Dach: das Freizeitheim Linden

Als das Freizeitheim Linden am 28. Januar 1961 eröffnet wurde, schloss es endlich die Lücke, die der im Zweiten Weltkrieg zerstörte Saalbau Sander hinterlassen hatte. Dort waren zu Zeiten der Weimarer Republik viele Lindener Vereine und Gruppen untergebracht gewesen.

Ende der 1950er-Jahre wurde es konkret: In Linden sollte das erste Freizeitheim Deutschlands entstehen. Als Standort war das unbebaute Fössefeld in Linden-Nord vorgesehen. Hier plante die Stadt auch den Bau öffentlicher Einrichtungen wie Fössebad und Mittelschule (Fösseschule). In einem kleinen Wettbewerb unter drei jungen Architekten setzte sich der Hannoveraner Siegfried Erlhoff mit einem modernen Entwurf durch. Ihm wurden die weitere Planung und die Leitung des Baus übertragen.

Zur feierlichen Eröffnung am 28. Januar 1961 hatten die geladenen Gäste erstmals die Möglichkeit, einen Blick in das fertige Gebäude zu werfen. Als moderne Begegnungsstätte war das Freizeitheim für Menschen aller Altersklassen konzipiert worden.

Konzipiert für Menschen aller Altersklassen: das 1961 eröffnete Freizeitheim Linden, die erste Einrichtung dieser Art in Deutschland.

Das Motto: „Alle unter einem Dach". Architekt Erlhoff hatte dafür auf zwei Etagen mehr als 20 Räume mit unterschiedlichsten Funktionen vorgesehen. Zwei Räume mit gemütlichen Sesseln, Tageszeitungen und einem Fernsehgerät waren Lindener Senioren vorbehalten. Gruppen oder Vereine hatten die Wahl zwischen mehreren Klubräumen für 20 bis 70 Personen. Und für laute Freizeitaktivitäten wie z. B. Orchesterproben oder Tanz stand ein großer schallisolierter Raum zur Verfügung. Den Mittelpunkt des Freizeitheims aber bildete der Vortrags- und Veranstaltungssaal mit 220 Plätzen und Bühne. Über zwei Treppen gelangte man ins Souterrain des Hauses mit gut ausgestatteten Werkräumen, einem Fotolabor und vier schallisolierten Musikstudios. Ebenfalls im Untergeschoss befand sich der mit 250 Quadratmetern größte Raum des Freizeitheims, der für Tischtennis und Jugendtanzveranstaltungen vorgesehen war.

Von Beginn an war die neue Begegnungsstätte gut besucht. Volkstanz- und Musikgruppen, Schachspieler, Briefmarkensammler, Hobbyfotografen, der Naturheilverein Prießnitz, die Liedertafel Limmer, die griechische Gemeinde und das Mandolinenorchester – eine bunte Mischung verschiedenster Interessengruppen fand sich Woche für Woche im Freizeitheim zusammen. In die großzügig ausgestatteten Werkräume im Untergeschoss kamen viele Kinder und auch Erwachsene, um zu basteln, zu modellieren, zu nähen oder eigene Holz- und Metallprodukte herzustellen.

Als Magnet erwiesen sich die Jugendtanzveranstaltungen am Wochenende. Samstags ab 19 Uhr strömten etwa 150 bis 200 Jugendliche ins Freizeitheim, um zu klassischem Walzer und moderner Musik zu tanzen. Übrigens herrschte Krawattenzwang – wer

Holzarbeiten, Stoffdruck, Töpfern – das Freizeitheim bot zahlreiche Möglichkeiten, die eigene Kreativität auszuleben.

ohne Schlips auftauchte, kam nicht rein. Die Lösung: Leihkrawatten vom Hausmeister – für eine Mark. Das strikte Rauch- und Alkoholverbot im Haus regte die Kreativität des jungen Tanzvolkes an. Die kurze Pause um 20.30 Uhr nutzten sie für ein paar Zigarettenzüge an der frischen Luft und für ein Bier in der Kneipe gegenüber, dem „Krokodil". Dort wartete die Wirtin schon mit fertig gezapften Biergläsern auf ihre Stammgäste.

Die Miet- und Benutzungsordnung des Freizeitheims richtete sich nach der Förderungswürdigkeit. Jugendgemeinschaften, kulturelle und gemeinnützige Gruppen

Immer samstags war Jugendtanz.

bezahlten wenig, Privatgruppen mussten tiefer in die Tasche greifen. Ganz und gar mietfrei waren die zwei Räume für Lindener Senioren, was überraschende Auswirkungen hatte. Als Leiter des Freizeitheims war Stadtjugendpfleger Karl Sperling berufen worden, denn man ging davon aus, dass das neu erbaute Haus zu einem großen Teil von Kindern und Jugendlichen genutzt würde. Nun aber kam pünktlich morgens um neun, wenn das Freizeitheim öffnete, eine große Anzahl Rentnerinnen und Rentner. Die in bescheidenen Verhältnissen lebenden Senioren waren froh, in der kalten Jahreszeit die beheizten Räume kostenlos nutzen zu dürfen. Dadurch konnten sie zuhause Kohlen und Briketts sparen. Da die beiden Räume für die etwa 120 älteren Lindener viel zu klein waren, stellte man ihnen weitere Klubräume zur Verfügung. Als erster Leiter des Freizeitheims zog Karl Sperling anderthalb Jahre nach Eröffnung des Hauses im „Mitteilungsblatt der hannoverschen Sportjugend“ eine positive Bilanz: „Im Durchschnitt benutzen etwa 10.000 Menschen im Monat die Räume. Im Sommer sinkt die Zahl, im Herbst und Winter liegt sie weit darüber. Wobei die Altersgruppen, Kinder und Jugendliche einerseits, Erwachsene andererseits sich fast die Waage halten.“

Das Konzept, verschiedene Altersgruppen mit ihren weit auseinandergehenden Interessen unter einem Dach zu vereinen, war Anfang der 1960er-Jahre ungewöhnlich. So kamen jeden Monat Besuchergruppen nach Linden, die sich für das neuartige „Freizeitheim-Konzept“ interessierten: Pädagogen, Sozialarbeiter, Kommunalpolitiker, Vereine, Verbände, Architekten und weitere Fachleute. Das „erste Freizeitheim Deutschlands“ fand in überregionalen Zeitungen Erwähnung, sogar Delegationen aus dem europäischen Ausland interessierten sich für die neuartige Begegnungsstätte.

1965 übernahm der damals 38-jährige Osnabrücker Egon Kuhn die Leitung von Karl Sperlich, der aus gesundheitlichen Gründen ausschied. Unter Leitung von Egon Kuhn entwickelte sich das Freizeitheim Linden in den folgenden zwei Jahrzehnten zu einem Zentrum für Sozio- und Stadtteilkultur. Vielfältige stadtteilbezogene Angebote im sozialen, kulturellen und politischen Bereich fanden regen Zuspruch bei den Lindenern.

In den 1970er-Jahren änderten sich die gesellschaftlichen Verhältnisse. Der neue Bundeskanzler Willy Brandt gab mit dem Motto „Mehr Demokratie wagen“ die Richtung vor. Auch im Freizeitheim setzte man auf demokratische Mitbestimmung. Verschiedene Nutzergruppen des Hauses versammelten sich im 1974 gegründeten „Heimrat“, um Forderungen zu artikulieren, aktuelle Probleme anzusprechen sowie zukünftige Konzepte und Inhalte festzulegen – zusammen mit dem Leiter des Freizeitheims, Egon Kuhn. Ab 1978 begannen erste Projektgruppen im Freizeitheim, sich näher mit der Lindener Lokalgeschichte zu beschäftigen. Viele ältere Besucher des Freizeitheims berichteten in den Projektgruppen über ihre persönlichen Erlebnisse und die ihrer Eltern oder Großeltern. Das Ergebnis waren mehrere Dokumentationen, die schließlich im Jahr 1987 in eine Dauerausstellung mündeten: die Lindener Geschichtswerkstatt. Noch heute ist sie im Freizeitheim untergebracht. Zum 25. Geburtstag des

Was ist los im Freizeitheim Linden? Eine Familie informiert sich am Schwarzen Brett über Angebote und Veranstaltungen.

Freizeitheims Linden, am 28. Januar 1986, zeichnete man die kulturpolitischen Leistungen des Hauses aus.

Ab Mitte der 1960er-Jahre waren deutschlandweit viele städtische Freizeit- und Kultureinrichtungen entstanden. Allein Hannover hatte noch sechs weitere Freizeitheime gebaut. Sie alle sind inzwischen nicht nur Heimstatt für Vereine und Interessensgruppen, sondern haben sich mit verschiedenen Arbeitsschwerpunkten und Programmen profiliert. Das erste Freizeitheim Deutschlands in Linden war dabei in mancherlei Hinsicht Vorbild und Anregung zugleich.

STREIFZUG 21

Von der Bettfedernfabrik zum Kulturzentrum Faust

Überall Federn. Jeder Schritt wirbelte sie auf. An den Wänden hafteten zarte Daunen, ebenso an den alten Maschinen und dem zurückgelassenen Mobiliar. Hier, in den Gebäuden einer stillgelegten Bettfedernfabrik, sollte durch Umnutzung ein neues Kulturzentrum entstehen, samt Wohnungen und Kleingewerbe. So zumindest der Plan verschiedener Stadtteilgruppen und engagierter Lindener Bürger, die sich zum Verein FAUST zusammengeschlossen hatten. Der Eigentümer des Grundstücks, Werner Frucht, verfolgte allerdings andere Pläne – ein Konflikt um die Fabrik entbrannte.

Im August 1990 war die traditionsreiche Bettfedernfabrik Werner & Ehlers in Konkurs gegangen. Firmeninhaber Werner Frucht suchte Interessenten für die über 60.000 Quadratmeter große Immobilie in Linden-Nord. Nun kamen verschiedene Stadtteilgruppen, Einzelpersonen und Kleinbetriebe auf den insolventen Fabrikherrn zu. Sie unterbreiteten ihr Konzept: Die bestehenden Gebäude könnten in genossenschaftlicher Selbsthilfearbeit umgebaut und dann als soziokulturelles Zentrum genutzt werden. Kleine Gewerbeeinheiten und Wohnungen sollten das geplante Kulturzentrum ergänzen. Werner Frucht winkte ab, da er kaum Verkaufserlöse erwartete. Stattdessen führte er Verhandlungen mit einer Grundstücksgesellschaft, die der Öffentlichkeit vorab schon ihre Zukunftspläne vorstellte: Alle Gebäude mit Ausnahme des denkmalgeschützten Kesselhauses sollten abgerissen und durch Neubauten ersetzt werden. Zwei Varianten standen zur Diskussion: eine mehrgeschossige „Studentenstadt“ mit Gewerbebauten drumherum oder ein über zwölf Etagen aufragender Wohnklotz, genannt „El Dorado“.

Die Pläne erzeugten in Linden großen Widerstand, besonders FAUST kämpfte dagegen. 22 Initiativen und Arbeitskreise hatten den gemeinnützigen Trägerverein am 28. Januar 1991 gegründet, zusammen mit der evangelischen Kirche und dem Freizeitheim Linden. FAUST stand als Abkürzung für **FA**brik**U**mnutzung und **ST**adtteilkultur.

Die Anfänge: Blick auf das ehemalige Bürogebäude der einstigen Bettfedernfabrik Werner & Ehlers.

Das FAUST-Logo.

Gründungsziel: statt privater Vermarktung öffentliche Umnutzung des stillgelegten Fabrikgeländes zu einem soziokulturellen Stadtteilzentrum. In großen Lettern hing am Zaun des Fabrikgeländes der Slogan der FAUST-Macher: „Kaufen, erhalten, umnutzen!"

Die Stadt Hannover nahm sich des Konflikts an. Im März 1991 verabschiedete sie Pläne für eine Sanierung des Geländes. Festgeschrieben wurde nun, dass auf dem Areal der Bettfedernfabrik ein soziokulturelles Zentrum, ein ökologischer Gewerbehof und ein Wohnungsbau entstehen sollten. Ein erster Teilerfolg für FAUST. Allerdings wollte die Stadt nicht selbst in die Finanzierung einsteigen, das sollte ihrer Meinung nach ein privater Investor machen. Fabrikherr Frucht wandte sich nun an mögliche Käufer, die die Industriebrache mit den vorgegebenen Sanierungszielen entwickeln wollten. Interesse zeigte das Wohnungsunternehmen Gundlach, das auch gleich eine Finanzierungsidee mitlieferte: Werner & Ehlers sollte EXPO-Projekt werden. Damit könnten öffentliche Fördergelder fließen. Schon bald aber zerschlug sich die Idee, Gundlach zog sich zurück. Mögliche andere Investoren reagierten ebenfalls zurückhaltend. Die festgeschriebenen Sanierungsziele schienen ihnen eine zu große Hürde.

Da sich abzeichnete, dass für das gesamte Areal nur schwer Käufer zu finden waren, setzte der Zwangsverwalter jetzt auf Vermietung der Fabrikhallen. Und zwar auch an außergewöhnliche Nutzer. Im November 1991 berichtete die HAZ, dass in einer Halle Kamele, Lamas, Affen, Pferde und Schweine untergebracht wurden. Des Rätsels Lösung: Zirkus Baldoni hatte ein Winterquartier für seine Tiere gefunden. Einen

Die 60er-Jahre-Halle hat FAUST zum Veranstaltungszentrum für Live-Konzerte und Diskopartys ausgebaut.

Monat später, im Dezember, konnten auch die FAUST-Leute endlich Räumlichkeiten mieten, im ehemaligen Verwaltungsgebäude der Bettfedernfabrik. Ein Pastor des Kirchenkreises Hannover-Linden hatte mit dem Zwangsverwalter eine Zwischennutzung des Gebäudes für etwa zehn Vereine ausgehandelt.

Im April 1992 mietete FAUST zwei weitere Gebäude an: die 60er-Jahre-Halle und die Zinsserhalle. Engagierte FAUSTler räumten nun zunächst zurückgelassenes Mobiliar und alte Maschinenteile weg. Dann begann der Kampf gegen die überall herumfliegenden Federn. Da sie zu Lungenproblemen führen können, entfernte man große Federn und kleine Daunen von Wänden und Fußböden. Bei den weiteren Arbeiten halfen auch junge reisende Handwerker aus verschiedenen europäischen Ländern mit – im Rahmen eines internationalen Workcamps. Die Hallenwände bekamen einen frischen Farbanstrich, defekte Heizkörper mussten ausgewechselt werden und der Fußboden mit aufragenden Maschinenfundamenten wurde eingeebnet. Die fertig renovierte Zinsserhalle bezogen nun Stadtteilvereine, verschiedene Künstlerinitiativen und ausländische Kulturgruppen.

Da FAUST nur einen Mietvertrag besaß, der jeden Tag gekündigt werden konnte, hatte man keine festen Umbauten gemacht. So war manches ein Provisorium: Im Erdgeschoss dienten Kulissen zur Abtrennung der Räume, die das Opernhaus gestellt hatte. Die lichtdurchfluteten Künstlerateliers in der obersten Etage waren durch Bettlaken abgeteilt. Auch das zweite angemietete Gebäude, die 60er-Jahre-Halle, hatte FAUST umgestaltet. Es diente jetzt als Veranstaltungszentrum. Hier spielten Livebands und die

Das Symbol des Kulturzentrums FAUST: der Schornstein der ehemaligen Bettfedernfabrik Werner & Ehlers.

Jugend tanzte nach aufgelegten Platten der DJs. Das lang ersehnte Kulturzentrum war entstanden!

Die Zukunft von FAUST war allerdings nach wie vor nicht gesichert. Durch die jederzeit kündbaren Mietverträge gab es keine Planungssicherheit, wie sich kurze Zeit später zeigte. Eine dreistufige Mieterhöhung von 10.000 auf 30.000 Mark konnte FAUST nicht mehr finanziell tragen, die Kündigung der Mietverträge zum 1. August 1993 folgte. Jetzt mussten schnelle Lösungen her. Die Stadt Hannover, das Land Niedersachsen und der Weltbund zum Schutz des Lebens verhandelten mit FAUST. Das Ergebnis: Im März 1995 kaufte die Berliner Stiftung „Umverteilen" den Ostteil des Fabrikgrundstücks vom Eigentümer Werner Frucht und verpachtete das Gelände langfristig an FAUST. Ein weiterer Landeszuschuss und ein Bankdarlehen ermöglichten den Kauf der Gebäude. Nun war der Slogan „Kaufen, erhalten, umnutzen!" Wirklichkeit geworden.

Kunstausstellungen, Partys, Ateliers, Livekonzerte, zwei Cafés, ein Biergarten und 25 Vereine. Das alles ist FAUST – und noch viel mehr. Das Kulturzentrum bietet vielen Veranstaltungen, Initiativen, Menschen und Vereinen eine Heimstatt und ist in Linden schon lange eine Institution. Vereine aus verschiedensten Bereichen haben ihren Standort bei FAUST. Eine bunte Mischung: Der in Elterniniative betriebene „Kinderladen" für Ganztagsbetreuung gehört ebenso dazu wie eine Frauenwerkstatt. Weitere ansässige Vereine sind u. a. der türkische Verein Günes, der Wissenschaftsladen für Umweltberatung und der interkulturelle Verein Kargah, der sich in der Migrations- und Flüchtlingsarbeit einsetzt. Mit 30.000 Büchern ist auch die wohl größte iranische Bibliothek Niedersachsens ein Kargah-Projekt. Den besten Blick über Linden haben die Künstler, die hoch oben in der Zinsserhalle in den lichtdurchfluteten Ateliers arbeiten.

Über Linden hinaus ist FAUST bekannt für seine Livekonzerte und Partys, die unter vielfältigen Mottos stehen. Ob Indie, Electro, Reggae oder Rock – gut tanzen geht immer.

STREIFZUG 22

Niedersachsens bekannteste Kabarettbühne: das TAK

Eine Perle der Kabarettkunst versteckt sich am Küchengarten. Das TAK, die Abkürzung für **T**heater **A**m **K**üchengarten, ist die einzige Bühne in Niedersachsen, die das ganze Jahr über Kabarett veranstaltet. Bis zu sieben Mal in der Woche treten Künstler im TAK auf. Dann werden Politiker und Prominente, Originale und Otto-Normalbürger durch den Kakao gezogen. „Besonders dankbare Opfer der Kabarettisten sind die deutschen Staatsmänner und -frauen, die ja öfter mal irgendwelchen Mist bauen", sagt Horst Janzen, langjähriger Leiter des TAK und jetzt im (Un-)Ruhestand in Freiburg. Die ganze Politiker-Elite von Westerwelle, Wulff, Rösler und Merkel bis Trittin, Gabriel, Steinmeyer & Co. wurde im TAK schon scharf aufs Korn genommen. Die Zuschauer freut's.

Nils Wintering, der zusammen mit Heidi Derks seit Januar 2012 das TAK führt, erklärt mit einem Augenzwinkern, dass Kabarett zugleich Unterhaltung und (Allgemein-)Bildung sein kann. Zum Beispiel beim Kabarettisten Martin Buchholz, der immer auch aktuelle Nachrichten in sein Programm einbaut. „Wenn Buchholz eine Woche hier ist, dann muss ich keine Zeitung mehr lesen", schmunzelt Nils Wintering.

Kabarett – nicht nur politisches – ist wieder gefragt. So hat das TAK in den letzten zwei Jahren viel neues Publikum angezogen. Noch viel Potenzial nach oben scheint

Seit Anfang 2012 leiten Heidi Derks und Nils Wintering das Kabarett-Flaggschiff Niedersachsens.

vorhanden zu sein. Besonders, wenn man sich mit dem Westen, dem Süden oder dem Osten der Republik vergleicht: In der Gegend um Köln, in Bayern, aber auch in Leipzig und Dresden liegen deutsche Kabaretthochburgen. Die DDR hatte Kabarett sogar intensiv gefördert. In Norddeutschland hingegen ist Kabarett noch immer Pionierarbeit. Hier gibt es zwar auch Kabarettbühnen, die spielen aber gerade zwei- bis dreimal im Monat. Einzige Ausnahmen: Alma Hoppes Lustspielhaus in Hamburg sowie das TAK – beide haben sich ganz auf Kabarett eingeschossen.

Seit 1987 gibt es das TAK, das in einem ehemaligen Badehaus untergebracht ist. Früher duschten und badeten hier die Bürger Lindens gegen ein kleines Entgelt, denn viele der Arbeiterwohnungen im Stadtteil hatten kein Badezimmer. Als das „städtische Badehaus" geschlossen wurde, suchte die Stadt nach einem Mieter. Kabarettist Dietrich Kittner, der im beengten Keller seines Wohnhauses schon längere Zeit das tab (Theater an der Bult) betrieb, griff zu. Nach einer Renovierungs- und Umbauphase eröffnete Kittner am 7. Januar 1987 mit „Maden in Germany" das Auftaktprogramm im TAK. Das „linke Lästermaul", wie Kittner sich selbst bezeichnete, baute in den Folgejahren das TAK zu einer linken Hochburg aus, das TAK und Dietrich Kittner waren Synonyme. Im Jahr 1992 dann ein folgenreiches Treffen. Horst Janzen, der damals Gastspielleiter des jungen Theaters Göttingen war, hatte Dietrich Kittner zu dessen Jubiläumsauftritt eingeladen. Nach dem Auftritt kam Kittner zu Janzen und fragte ihn direkt: „Willste nicht ein Theater kaufen?" Janzen war baff. Er suchte zwar nach etwas Neuem, wollte irgendwo auf einer Bühne als Veranstalter tätig sein. Aber ein Theater kaufen? Janzen

Sie waren viele Jahre das TAK: Nora und Horst Janzen.

bat Kittner um Bedenkzeit. Vier Wochen später dann die Entscheidung: Das TAK wird gekauft!

Ab 1993 übernahm Horst Janzen das Steuer im TAK. Seine Plan war es, ein Gastspieltheater aufzubauen, in dem unterschiedlichste Kabarettisten auftreten. Es folgten zwei harte Jahre, denn eines hatte der neue Leiter des TAK nicht berücksichtigt: Kittners treues Stammpublikum konnte mit anderen Kabarettisten nichts anfangen und blieb vermehrt weg. Nur wenn Kittner wieder einmal im TAK auftrat (30 Auftritte im Jahr waren vertraglich zugesichert), füllte sich der Saal. Nach anderthalb Jahren war Janzen kurz davor aufzugeben. Bis im Juni 1994 der Kabarettist Rainer Kröhnert für drei Wochen im TAK zu Gast war. In der ersten Woche lief der Kartenverkauf noch schleppend an, peu à peu wurde es voller. Die dritte und letzte Woche war total ausverkauft. Plötzlich strömte das Kabarettpublikum ins TAK. Horst Janzens Eindruck: „Die Kabarettfreunde guckten damals gar nicht, was im TAK los ist. Denn TAK war Kittner. Und das war nicht ihr Geschmack.“ Im Sommer 1994 startete das TAK eine große Werbeaktion, nun strömte auch anderes Publikum ins TAK. Es gab plötzlich zwei völlig unterschiedliche Besuchergruppen: Zu Kittners Auftritten kamen die treuen Fans, zu den anderen Kabarettisten kam neues Publikum. Aber die Hauptsache: Es stimmte wieder die Kasse. Janzen machte weiter.

Inzwischen hat das TAK ein großes Stammpublikum, das selbst den weiten Weg aus Bremen, Göttingen oder Osnabrück nicht scheut. Kein Wunder, denn die Crème de la Crème der Kabarettisten tritt am Küchengarten auf. Neben großen Namen werden aber auch unbekannte Talente gefördert: Junge Kabarettisten dürfen ihr Können auf der Bühne beweisen. Manchmal ist das TAK durchaus Sprungbrett für den einen oder anderen Künstler. Was Kabarettbühnen angeht, hat das TAK inzwischen bundesweit einen großen Namen. Bestes Indiz ist die jährliche Kleinkunstbörse in Freiburg, wo sich Kabarettisten und ihre Agenten treffen. Jeder kennt dort das Theater am Küchengarten. In Hannover und in Linden hingegen muss das TAK noch bekannter werden. „Manchmal kommen eingeborene Lindener, die gleich um die Ecke wohnen, zum ersten Mal zu uns. Die wundern sich, dass es hier so ein tolles Kabaretttheater gibt", schmunzelt Nils Wintering. Deshalb wird inzwischen mehr Werbung gemacht. Neben der klassischen Anzeigenschaltung in hannoverschen Stadtmagazinen tritt das TAK auch vereinzelt bei öffentlichen Veranstaltungen wie z. B. dem Scilla-Blüten-Fest mit einer Open-Air-Bühne auf. Aber auch der von Nils Wintering im letzten Jahr eröffnete Musikclub „SingSing" im Untergeschoss des TAK spült neue Gäste ins Kabaretthaus.

Die beiden neuen Leiter des TAK betonen, dass das Kabaretttheater so weitergeführt wird wie unter Horst und Nora Janzen – mit Verbesserungen in einigen Bereichen. Wintering, der schon unter Janzen als Tontechniker im TAK arbeitete, hat die Tonregie etwas umbauen lassen. Eine neue Internetseite ermöglicht bequeme Ticketbuchungen. Und das viermonatige Programmheft erscheint deutlich früher, sodass auch der Vorverkauf eher startet. Ebenfalls neu: eine Profi-Köchin, die besondere Gourmetspezialitäten kreiert.

Um das Kabaretttheater am Laufen zu halten, muss viel gearbeitet werden. Da ist es gut, dass sich das Leitungsduo des TAK auch ohne Worte glänzend versteht. Die Arbeit haben Heidi Derks und Nils Wintering sauber aufgeteilt. Für die Finanzen, die Verwaltung und den Verkauf ist Derks zuständig, um die Öffentlichkeitsarbeit, die Computeradministration und den Ablauf der Show kümmert sich Wintering. Trotz des hohen Arbeitspensums und vieler bürokratischer Erledigungen: Die beiden lieben ihre Arbeit, insbesondere den direkten Kontakt zu Künstlern und dem Publikum. „Die Zusammenarbeit mit Künstlern im Kabarettbereich ist ganz toll", schwärmt Nils Wintering, „denn nahezu alle diese Menschen sind nett und umgänglich." Und so kommt es schon mal öfter vor, dass man nach der Vorstellung noch mit dem Künstler bei einem oder zwei Gläschen Wein zusammensitzt und plaudert – manchmal bis tief in die Nacht.

Die städtischen Bäder am Küchengarten: Duschen und Badewannen für Lindens Bevölkerung

Heute strömen die Leute wegen der Unterhaltung zum Küchengarten, früher wegen der Körperpflege. Im großen Backsteingebäude zwischen Stephanus-

Überbleibsel der städtischen Bäder: eine der alten historischen Badewannen im TAK.

straße und Haasemannstraße hat die Kabarettbühne TAK seit 1987 ihren festen Platz. Hier waren früher die „Städtischen Bäder" untergebracht. 1927 eröffnet, dienten sie mit kleinen gefliesten Duschräumen und Badewannen den vielen Lindenern, die kein Badezimmer in ihrer Wohnung hatten. Pastor i. R. Dierk Schäfer, in Linden in der Rampenstraße aufgewachsen, erinnert sich an seine Kindheit: „Der große Warteraum war im ersten Stock. Dicht gedrängt, Männer links, Frauen rechts, saßen wir sonnabends oder vor Feiertagen auf den Holzbänken – wenn wir Kinder nicht stehen mussten. Jeder hatte seine kleine Tasche mit Seife und Kamm dabei. Jeder bekam ein Pappkärtchen mit einer Nummer – und wartete. Die meisten auf die Dusche, wenige auf ein Wannenbad, das war deutlich teurer. Geduscht wurde schubweise. War eine Gruppe durch, wurde die nächste von einem vierschrötigen Bademeister aufgerufen. Dann ging's rein in die enge, weiß geflieste Duschkabine: schnell ausziehen, unter die Dusche, Haare waschen, Körper einseifen – und während man die Seife abspülte, kam auch meist schon der militärisch knappe Befehl: Duschen abstellen! Also schnell fertig duschen, sonst kam der Kerl rein. Hastig abgetrocknet und die Kleidung über die noch klamme Haut gezerrt, denn nun kam er wirklich mit seinem Schlauch, um die Dusche für den nächsten „Badegast" auszuspritzen."

STREIFZUG 23

Hannovers musikalische Visitenkarte: der Jazzclub

Welcher Keller kann schon von sich behaupten, dass er weltweit bekannt ist? Und dass sich dort jede Woche Ehrenbürger der amerikanischen Stadt New Orleans versammeln? Dieser außergewöhnliche Keller findet sich hoch oben auf dem Lindener Berg, im Haus Nr. 38. Über acht Treppenstufen nach unten gelangt man ins orangene Herz des Jazzclubs. Der knalligen Wandfarbe wegen wird er von Jazzfans in aller Welt nur „Orange Club" genannt. Sein guter Ruf und seine Anziehungskraft auch für die Großen des Jazz machen ihn zur musikalischen Visitenkarte Hannovers. Wann immer der Jazzclub einlud – die Jazz-Elite kam. Louis Armstrong, Duke Ellington, Benny Goodman – alle waren sie schon in Hannover. Ebenso der Virtuose Lionel Hampton, die Sängerin Dee Dee Bridgewater oder Albert Mangelsdorff mit seiner Posaune. Die Liste ließe sich beliebig fortsetzen.

Michael Gehrke, von allen nur „Mike" genannt, machte den Jazzclub zu dem, was er heute ist: eine international bekannte Spielstätte für Jazz. 1968 übernahm Gehrke, der selbst in einer Jazzband spielte, den Vorsitz des Clubs auf dem Lindener Berg. Über die Jahre baute er ein dichtes Kontaktnetzwerk in der Jazzwelt auf, von dem der Club noch heute profitiert. Und er hatte das einmalige Talent, die Großen des Jazz nach Hannover zu holen. Eine besondere Ehrung erfuhren Gehrke und der Jazzclub im Jahr 1978. Die amerikanische Stadt New Orleans, als „Wiege des Jazz" bekannt, würdigte die Vielfalt und das hohe Niveau der in Hannover stattfindenden Jazzkonzerte – und verlieh Mike Gehrke für seine Verdienste die Ehrenbürgerschaft. Diesen Titel bekamen etwas später auch alle Mitglieder des hannoverschen Jazzclubs. Somit ist der Jazzkeller auch Treffpunkt einiger Ehrenbürger der jazzverrückten Stadt am Mississippi.

Als Mike Gehrke im Jahr 2004 verstarb, übernahm ein Trio die Leitung des Jazzclubs: Bernd Strauch (President), Uwe Thedsen (Executive Manager) und Nicolas Sempff (Booking Manager). So wurden die vielfältigen und zeitintensiven Aufgaben, die im Jazzclub anfallen, auf drei Schultern verteilt. Bernd Strauch, Bürgermeister der Stadt Hannover, zählt einige dieser Aufgaben auf: „Ablauforganisation, Finanzen, Buchung der Bands. Dazu gehört auch das endlose Auseinandersetzen mit den Managern." Das Führungstrio entwickelte den Jazzclub behutsam weiter und öffnete ihn auch für andere Musikrichtungen wie Free, Blues, Funk und Fusion. Unterstützung erhalten sie dabei von Lothar Christ vom NDR, der die musikalische Beratung übernahm.

82 ehrenamtliche Mitglieder sorgen für einen reibungslosen Ablauf der wöchentlichen Konzerte. Denn alles wird von den Clubmitgliedern selbst gemacht: der Bierausschank, der Kartenverkauf an der Kasse, das Ausfegen der Räume nach einem Konzert. Und die Mitglieder kümmern sich um die von außerhalb angereisten Jazz-Musiker. Da werden schon mal Stars mit dem eigenen Auto vom Flughafen abgeholt

Der Eingang in die Welt des Jazz.

und ins Restaurant geführt. Oder man zeigt ihnen die Stadt. Bernd Strauch sieht darin einen wichtigen Grund des Erfolges: „Dass die Großen des Jazz in so einen kleinen Club kommen, ist auch der Fürsorge unserer Mitglieder zu verdanken. Die Stars kommen hierher und fühlen sich wie in einer Familie.“ Das wissen auch weltbekannte

Mittendrin und live dabei: Die große Nähe zu den Musikern auf der Bühne macht viel von der einzigartigen Atmosphäre im Jazzclub aus.

Musiker zu schätzen. Wie sagte einst der berühmte Jazz-Pianist Duke Ellington? „Ich habe viele Profis getroffen, die wie Amateure arbeiten. In Hannover traf ich Amateure, die Profiarbeit leisten."

Seit der Gründung im April 1968 öffnet der Jazzclub jeden Montag- und Freitagabend seine Türen. Inzwischen gibt es auch Ausnahmen, denn manche Künstlerinnen und Künstler können nur an anderen Tagen auftreten. Die Veranstaltungen sind gut besucht und öfter ausverkauft. So müssen manchmal sogar Leute abgewiesen werden, da die 130 Plätze nicht reichen. Langjährige Stammgäste aber wissen die intime Atmosphäre des kleinen Clubs zu schätzen: Die Musiker sind zum Greifen nahe.

Nicht wenige Besucher kommen von außerhalb, z. B. aus Wolfsburg. Lindener Publikum hingegen findet kaum den Weg in den so nah liegenden Club – ein Phänomen, das sich auch eine Etage höher zeigt, im Mittwochtheater. Lindener Musiker aber treten öfter auf. Ein Beispiel? Keyboarder Lutz „Hammond" Krajenski, der auch schon für den deutschen Senkrechtstarter und Jazzmusiker Roger Cicero gearbeitet hat. Typisch für den Club ist, dass er bekannten Künstlern als auch unbekannten Lokaltalenten eine Bühne für ihre Auftritte gibt. Neben Musikern aus New York oder Kopenhagen spielen dann auch hannoversche Nachwuchstalente.

Die Nachwuchsarbeit ist dem Club wichtig. Dazu Bernd Strauch: „Wenn man qualitätsvolle Jazzmusik anbieten möchte, muss man mit der Musikhochschule zusammenarbeiten." Und das geschieht durchaus unkonventionell. So werden Examina oder praktische Prüfungen der Musikstudenten häufig als Clubkonzert veranstaltet. Ein Beispiel für erfolgreiche Nachwuchsarbeit ist Schlagzeuger Dennis Frehse. Er gewann den von Jazzclub und Sparkasse geförderten Nachwuchswettbewerb „Winning Jazz", studierte an der Musikhochschule Hannover und in Berkley. Heute lebt er in Tokio und betreibt dort einen eigenen Jazzclub. Ein weiterer Baustein der Nachwuchsarbeit: Junge Musikerinnen und Musiker können in den Räumen des Jazzclubs kostenfrei üben. Und mit dem Schüler-Wettbewerb „Jazz in school" sollen ebenfalls Nachwuchsbands gefördert werden. Um auch junge Leute an den Jazz heranzuführen und zu begeistern, gibt es Schulpartnerschaften und Projektarbeit. Die offizielle Partnerschule des Jazzclubs ist das Kurt-Schwitters-Gymnasium in Misburg. Aus dieser Zusammenarbeit entstand u. a. das Buch „Hannover – All that Jazz".

Dass der Jazzclub in Hannover zu den besten Deutschlands gehört, bestätigt auch eine offizielle Auszeichnung. In Frankfurt erhielt er einen Award für den „Musik-Club des Jahres 2010". Nominiert für Platz 1, erreichte man schließlich den zweiten Platz, zusammen mit einem Club aus Dresden. Für den Vorsitzenden Bernd Strauch ist das Grund zur Freude und ein Zeichen der Anerkennung: „Wir haben zweimal in der Woche Auftritte. Und jedes Jahr veranstalten wir zusammen mit unseren Sponsoren die Jazz-Events enercity swinging hannover, das Große Sommerfest, Jazz am Ballhof und Hot Advent – über 80 Konzerte im Jahr. Damit sind wir gegenüber anderen Clubs in Deutschland sehr gut aufgestellt."

Und wie sieht Bernd Strauch die Zukunft des Jazz-Clubs? Was soll bleiben, was ändert sich? „Solange Herr Thedsen und ich die Leitung haben, wird Folgendes bleiben: der Ort, eine möglichst kontinuierliche Nachwuchsarbeit und die Vernetzung in der Stadt.“ Wie sich die Jazzmusik insgesamt weiterentwickelt, vermag Strauch nicht zu sagen. Aber er glaubt an die Zukunft des Jazz: „Viele sagen, Jazzmusik sei eine Nischenmusik, die kaum noch rüberkommt. Ich weiß, dass Jazzmusik sich in der Geschichte immer wieder neu erfunden hat.“ In diesem Zusammenhang zitiert Bernd Strauch den berühmten schwarzen Trompeter Wynton Marsalis, der einmal sagte: „Jazz ist wie der Besuch bei meiner Lieblingsgroßmutter. Es gibt überall etwas zu entdecken. Es duftet. Man kann sich an einen gedeckten Tisch setzen. Die Großmutter selbst lässt einem viel Spielraum und ist spendabel. Und liebevoll. Aber sie sagt im entscheidenden Moment auch, wo es langgeht.“

Weitere Informationen unter www.jazz-club.de

STREIFZUG 24

Hannovers professionellste Amateurbühne: das Mittwochtheater

Am Anfang waren die Vorstellungen nur mittwochs. „Weil das früher ein toter Tag war“, erzählt Oliver Gruenke, einer der langjährigen Mitglieder des Mittwochtheaters. Heute treten die ausschließlich ohne Gage spielenden Amateurschauspieler auch samstags auf – und brauchen einen Vergleich mit professionellen Ensembles nicht zu scheuen. Denn intensive Vorbereitungen sorgen für professionelle Ergebnisse. Bereits ein Jahr vor der Premiere startet die konzeptionelle Arbeit, acht Monate vorher beginnen die Proben auf der Bühne. Zweimal pro Woche treffen sich die Mitglieder des Theaters, um Text, Gesten und Ablauf des Stücks zu trainieren. Wenn die Premiere näherrückt, üben alle Beteiligten sogar an drei Wochentagen für ihren Einsatz. So haben die Bühnenakteure des Mittwochtheaters bereits 50 Proben hinter sich, bevor die ersten Zuschauer das Stück zu sehen kriegen.

Das Team des Mittwochtheaters besteht aus 30 festen Mitgliedern und zehn „Assoziierten“ – Anfänger, die sich erst noch bewähren müssen. Da alle einen Hauptberuf haben, muss die Theaterarbeit in der Freizeit ausgeübt werden. Ein zeitintensives Hobby, das manchmal auch stressig sein kann. „Wenn man einen Job hat, der einen bis 17 oder 18 Uhr fordert, hetzt man nach Feierabend schon mal ohne gegessen zu haben zur Probe“, sagt Gruenke. Aber der Spaß am Spielen entschädigt alles. Und bringt Erfolg: Die Vorstellungen sind im Schnitt zu 80% bis 90% ausverkauft. Etwa ein

Seit über 40 Jahren auf dem Lindener Berg: das Mittwochtheater.

Drittel der Zuschauer sind treues Stammpublikum, die aus Hannover und dem Umland kommen. Nur Lindener besuchen das Theater kaum, der idyllische Standort auf dem Lindener Berg ist in diesem Fall kein Vorteil.

Entstanden ist das Mittwochtheater aus dem Mitte der 1950er-Jahre gegründeten „Studio der Jugend“. 1970 ergab sich dann die Möglichkeit, in einem städtischen Haus auf dem Lindener Berg zu spielen. Dort war im Keller des Gebäudes bereits der Jazzclub ansässig, im ersten Stock hatten lange Zeit Tanzveranstaltungen mit Livemusik stattgefunden. Als der neue Tanz Boogie-Woogie in Mode kam, hatte die Stadt Angst, dass das Gebäude den wilden und schnellen Tanzfiguren aus statischen Gründen nicht standhält. Die Tänzer mussten die Räume verlassen – und die Theatergruppe aus dem „Studio der Jugend“ bekam die Räumlichkeiten zugewiesen. Harte Arbeit stand nun an, denn der ehemalige Tanzsaal musste völlig umgebaut werden. In Eigenarbeit und aus Privatmitteln wurden Bühne und Technik erstellt, Stühle für die Zuschauer gekauft.

In den Anfängen bekamen die Zuschauer absurdes und experimentelles Theater geboten, das an etablierten Theaterhäusern nicht aufgeführt wurde. Während der Vorstellung durfte das Publikum rauchen und trinken, hinterher diskutierte man zusammen mit den Bühnenakteuren über die Stücke. Mit den Jahren änderte sich das Programm. Klassiker von Shakespeare, Schiller und Brecht eroberten die Bühne, ebenso Stücke von

Eine Aufführung aus dem Jahr 2007: „Woyzeck".

zeitgenössischen Autoren. Über 80 Inszenierungen hat das Mittwochtheater in den letzten 40 Jahren aufgeführt, die Auswahl trifft ein Dramaturgieteam aus sieben gewählten Mitgliedern. Da wird leidenschaftlich diskutiert und analysiert. Und es werden Kosten kalkuliert, bevor die Entscheidung für ein neu aufzuführendes Stück fällt. Denn zwischen 4.000 und 10.000 Euro fallen für eine Inszenierung an, die durch Eintrittsgelder eingespielt werden müssen. Bisher ist es immer wieder gelungen, kostendeckend zu arbeiten – trotz der recht günstigen Eintrittspreise.

Und was gab es an kuriosen Vorfällen? Eine Anekdote erzählt Oliver Gruenke immer wieder gern. Bei einer Inszenierung von Bertolt Brechts „Kleinbürgerhochzeit" bekamen die Schauspieler auf der Bühne echtes Essen serviert (das Hochzeitsmahl), das ein Mitglied des Mittwochtheaters extra in der Garderobe gekocht hatte. Als Hauptgang war Hackfleischbraten mit Knoblauchsoße vorgesehen, hinterher Schokoladenpudding mit Vanillesoße. Alle Schauspieler waren mit leerem Magen auf die Bühne gekommen und nahmen nun hungrig den Hauptgang auf. Aus Versehen hatte der Koch die Knoblauch- mit der Vanillesoße vertauscht. Als der erste den Hackfleischbraten mit der süßen Vanillesoße probierte, musste er aufpassen, dass er nicht würgend von der Bühne ging. Die anderen bemerkten nun die ungenießbare Kombination und fingen an, die Soße vom Fleisch zu kratzen. „Dabei ernst zu bleiben, war fürchterlich", erinnert sich Gruenke lachend.

STREIFZUG 25

Vom „Solebad“ zum kombinierten Hallenfreibad: das Fössebad

Es war eine außergewöhnliche Idee, in ganz Deutschland einzigartig: ein Hallenfreibad, in dem Besucher jederzeit die Möglichkeit hatten, je nach Witterungsverhältnissen zwischen Hallen- und Freibad zu pendeln. Als das Fössebad im Jahr 1960 als kombiniertes Hallenfreibad eingeweiht wurde, gab es viel Lob. Nicht nur von den Badegästen, die in immer größerer Zahl das neue Bad eroberten. Sondern auch von Bäderfachleuten aus der ganzen Republik.

Das innovative Konzept des neugebauten Hallenfreibads war ein Höhepunkt der Entwicklung, die schon 130 Jahre vorher begonnen hatte. Zu dieser Zeit kam das Baden in Flüssen, Seen und dem Meer zunehmend in Mode. Die ersten deutschen Seebäder an der Nord- und Ostseeküste entstanden: Heiligendamm 1793, Norderney 1797, Travemünde 1802. Während die Kurorte am Meer hauptsächlich von Adligen und reichen Bürgerlichen besucht wurden, entdeckten die einfachen Leute und Arbeiter das heimische Vergnügen im erfrischenden Nass. Zahlreiche Badestellen gab es entlang der Ihme, der Leine und eine beliebte Stelle auch an der Fösse – ungefähr dort, wo heute das Fössebad steht. Hier, in der schönen Landschaft des damals unbebauten Fössefeldes, gönnten sich Spaziergänger des Öfteren eine erquickende Erfrischung. Die Badestelle

Das Fössebad um die Jahrhundertwende.

Familienbadetag. Bis 1918 durften Männer und Frauen nur getrennt zu unterschiedlichen Zeiten baden. Mit dem eingeführten Familienbadetag lockerte man diese Regel, bevor sie später ganz abgeschafft wurde.

allerdings war recht tief und das Baden im Fluss nicht ganz ungefährlich. Einige der regelmäßig Badenden wandten sich deshalb an den Besitzer des Grundstücks, Forstmeister von Alten: Ob dieser für eine Badeaufsicht sorgen könne, damit Unglücksfälle vermieden werden? Der Forstmeister beantragte daraufhin bei der zuständigen Landdrostei eine Genehmigung für eine offizielle Badestelle. Im Jahre 1838 wurde die Konzession erteilt.

Auch jetzt war das Baden nicht immer möglich. Durch die große Abhängigkeit von den Niederschlagsmengen schwankte der Wasserpegel der Fösse stark. Deshalb staute man 1854 den Fluss an der Badestelle. Eine Besonderheit war das salzhaltige Wasser der Fösse. Die Salzauswaschungen der Badenstedter Saline Egestorfhall sorgten für einen höheren Salzgehalt als in der Nordsee! Der Volksmund sprach gar vom „Solebad".

Im Herbst 1876 erweiterte der neue Pächter Fritz Miehe die Badeanstalt. Das kleine Staubecken wuchs zu einem Badebassin von 150 Metern Länge und 30 Metern Breite an. Auf dem Freigelände ließ Miehe einen schönen Park anlegen, über den die hannoversche „Illustrierte Rundschau" im Jahr 1913 schwärmte: „In den letzten Jahren ist neben dem Fössebad der prächtige Park entstanden, der mit seinen zirka 300 Sitzplätzen auch großen Vereinen und Gesellschaften einen angenehmen Aufenthalt bietet. Das reizvolle Schmuckstück [...] ist ein Idyll, das namentlich in den Morgenstunden von

Das Hallenschwimmbecken des Fössebads heute.

zauberischer Wirkung ist." Auch der 1913 gegründete Arbeiterschwimmverein Wassersport Hannover-Linden e. V. nutzte den Fössepark und das Bad. Dort spielte sich das Vereinsleben ab. Ältere Mitglieder brachten den jüngeren spielerisch das Schwimmen, Springen und Tauchen bei.

Zu der Zeit war nicht nur das Vereins- vom öffentlichen Baden getrennt, sondern auch die Badezeiten für Männer und Frauen. Nach dem Ersten Weltkrieg lockerte man mit gemeinsamen „Familienbadeabenden" die Geschlechtertrennung, die ab 1921 ganz wegfiel. Als 1925 der Wassersportverein in ein selbstgebautes Vereinsbad umzog, passte man das Fössebad an die gestiegenen Ansprüche der Badegäste an: Das nochmals vergrößerte Schwimmbecken verfügte nun über betonierte Seitenwände und einen Betonboden. Der verhinderte, das Badende den Grund aufwühlten und damit das Wasser trübten. Auf der Wiese standen jetzt Sportgeräte wie Reck und Barren sowie Holzpritschen für Luft- und Sonnenbäder zur Verfügung.

Das seit seiner Gründung privat betriebene Fössebad musste 1955 geschlossen werden – zunehmende Bebauung und Industrieabwässer verschmutzten die Fösse zu stark. Im gleichen Jahr beschloss der hannoversche Rat, an dieser Stelle eine städtische Hallenfreibadanlage zu errichten. Das alte Flussbad mit seinen Holzbauten und Stegen wurde abgerissen und die Fösse verlegt, da der Neubau mit Wasser aus dem öffentlichen Trinkwassernetz gespeist werden sollte. 1956/57 entstand im ersten Bauabschnitt die Freibadanlage. Ursprünglich sollte sie sogar über einen Kaffeegarten und ein Wasserballfeld verfügen – Pläne, die dann doch nicht realisiert wurden. Der zweite Bauabschnitt folgte 1957 bis 1959: ein Hallenbad mit Schwimmbecken (durchgehend 1,90 m bis 3,98 m tief), Sprunganlage und Nichtschwimmerbecken. Ebenfalls integriert waren eine Sauna und zehn öffentliche Reinigungsduschen, denn viele Lindener hatten damals keine eigene Dusche im Haus.

Im April 1960 eröffnete die Stadt Hannover die deutschlandweit einmalige Badeanlage. Von den Bürgern aus Linden, Limmer und Badenstedt wurde das neue Bad gut angenommen. 1962, im dritten Betriebsjahr, kamen bereits über eine halbe Million Badegäste.

Um die hohen Instandhaltungskosten der öffentlichen Bäder niedrig zu halten, beschränkte sich die Stadt Hannover auf das Nötigste. Entsprechend stieg der Sanierungsbedarf immer weiter an. 1987 dann der Schock: Der harte Sparkurs der Stadt Hannover sah die Schließung einiger Schwimmbäder vor – u. a. auch des Fössebades wegen zu hoher Reparaturkosten. Heftige Proteste aus Linden und Limmer folgten. Ortspolitiker, Bürger, Vereine und Schulen machten entschlossen Front gegen die Pläne der Stadt, die Bürgerinitiative „Rettet das Fössebad" bildete sich. Der beherzte und unermüdliche Einsatz der Bezirksbürgermeisterin Hiltrud Grote und das Engagement der vielen Mitstreiter wirkte. Mit 6.000 Unterschriften und dem Widerstand der Ratspolitiker aus Linden-Limmer, die gegen die Ratspläne stimmten, konnte die Schließung des Fössebades abgewendet werden. 1993 übernahmen der Universitätssportclub USC und der Verein Waspo Hannover-Linden von der Stadt den Betrieb des Fössebads. Dazu wurde eine eigenständige Firma gegründet, die gemeinnützige Fössebad Betriebsgesellschaft. Mit innovativen Ideen und Teilsanierungen (u. a. Einbau einer Ozon-Wasseraufbereitungsanlage) verbesserten die neuen Betreiber den Zustand des Bades. Seit 2005 gibt es den Förderverein Fössebad, der das traditionsreiche Bad für Öffentlichkeit, Schulen und Vereine erhalten soll.

STREIFZUG 26

SV Linden 07 – Traditionsverein mit modernen Trainingskonzepten

Der Erfolg spricht für sich: die beste D-Jugendmannschaft im Kreis Hannover, weitere elf Nachwuchsmannschaften von der G- bis zur B-Jugend, die in ihren Altersklassen ebenfalls gut mitmischen. Was den Traditionsverein SV Linden 07 auszeichnet, ist die erfolgreiche Jugendarbeit. Die sportlichen Erfolge ziehen seit Jahren den Nachwuchs an. Die Zahl der Kinder und Jugendlichen ist inzwischen auf über 250 gestiegen.

Was heute eine Stärke von Linden 07 ist – die Jugendarbeit –, war noch vor wenigen Jahren ein großes Defizit. Lange hatte der Verein hauptsächlich in die erste Herrenmannschaft Geld gesteckt, sie galt als Aushängeschild des Vereins. Gute Fußballspieler anderer Vereine wurden mit Sponsorengeldern eingekauft. Der Nachwuchs bei Linden 07 hatte dabei das Nachsehen. Für Jugendliche gab es keine Chance, in die Herrenmannschaften reinzukommen. Fehlende Perspektive und vernachlässigte Nachwuchsarbeit führten schleichend zu Problemen im Jugendbereich. Linden 07 war plötzlich bekannt dafür, dass es ständig Auseinandersetzungen während und nach dem Spiel gab. Eltern meldeten ihre Kinder bei anderen Sportvereinen an.

Im Jahr 2005 kam Rüdiger Hornbostel, ehemals Aktiver bei Linden 07, zurück in den Verein und krempelte den Bereich Jugendarbeit um. Für Ordnung sorgte ein neuer Kodex, an den sich alle halten mussten – Kinder, Jugendliche und auch die Eltern. Wichtigste Regel: gegenseitiger Respekt und Achtung. Problemspieler, die weiterhin gegen die Regeln verstießen und sie nicht akzeptieren wollten, mussten den Verein verlassen. Bei Neuaufnahmen führt der Jugendleiter persönlich ein Erstgespräch mit Kind und Eltern, denen der Kodex vorgestellt wird und den sie unterschreiben müssen. Bei Verstößen gegen diese Regeln setzt man sich mit den Eltern zusammen. Fruchtet auch das nicht, droht der Ausschluss. „Was so gut wie nie vorkommt", sagt Rüdiger Hornbostel, „denn alle haben Spaß und den Ehrgeiz, bei uns zu spielen."

Zusammen mit ehrenamtlichen Mitgliedern, darunter auch mehrere Eltern, hat das Team um Hornbostel den Jugendbereich des Vereins wieder nach vorne gebracht. Die Rahmenbedingungen sind inzwischen sehr gut: Alle Jugendleiter sind lizenziert und bereiten abwechslungsreiche Trainingseinheiten vor. Dabei werden moderne Konzepte umgesetzt, die auch der oberste Fußballverband DFB fördert. Für die Jüngsten, die 5- bis 6-Jährigen, setzen die Spielleiter zuerst einmal auf die Schulung von Bewegungsabläufen und Motorik. „Gerade in diesem Bereich haben viele Kinder heutzutage Defizite", wie Hornbostel berichtet. Klassisches Beispiel: das Rückwärtslaufen, was nur noch etwas über die Hälfte der Kleinen auf Anhieb schafft. Viele verschiedene Spielformen helfen hier, die Motorik zu verbessern. Dabei wird nicht ausschließlich Fußball gespielt, sondern auch Handball, Hüftball und andere Sportarten. Die Kleinsten lernen dabei, sich schnell und zielorientiert zu bewegen und miteinander zu agieren. Beim Fußballspielen wird von Anfang an auf die Balltechnik viel Wert gelegt. Erst ab der C-Jugend, also ab etwa zwölf Jahren, wird gezielt an Kraft, Kondition, Ausdauer und

Der SV Linden 07 setzt heute gezielt auf Jugendarbeit.

Linden 07 zeichnet sich durch gute und erfolgreiche Nachwuchsarbeit aus. Für die Jüngeren gibt es ein Minispielfeld, das vom DFB gefördert wird.

Taktik gearbeitet. Ein erfolgreiches Konzept, das für sich selbst spricht und in Linden und Umgebung auf immer mehr Interesse stößt.

Der SV Linden 07 galt in Linden schon immer als erste Adresse, wenn man Fußball spielen wollte. Gegründet wurde der Traditionsverein im Oktober 1907. Der Spielbetrieb startete allerdings erst im Folgejahr, denn die Suche nach einem geeigneten Sportplatz erwies sich als schwierig. Fußball steckte noch in den Kinderschuhen und galt im Kaiserreich als „undeutsche Fußlümmelei". Schließlich mietete der Verein eine Weide in Oberricklingen an. Eine optimale Lösung war das nicht, denn Torstangen und Eckfahnen mussten zu jedem Training aus Linden mitgebracht werden. Außerdem konnten die Spieler erst trainieren, nachdem sie die Kühe von der Weide getrieben hatten.

Die ersten Gegner hießen Hannover 1902, Eintracht Hannover und Hohenzollern Hildesheim – Vereine, die es heute nicht mehr gibt oder die unter anderem Namen spielen. Zwei Jahre später bezog man eine neue Bleibe am Waterlooplatz, bevor 1919 der Umzug zum ideal gelegenen Sportgelände an der Fösse möglich wurde. Dieses Parkgelände mussten die Vereinsmitglieder zuallererst als Sportplatz herrichten, um ihn nutzen zu können. Einziger Nachteil: Im Winter und zeitigem Frühjahr war der Rasen öfters überschwemmt.

Das Jahr 1923 entwickelte sich zum erfolgreichsten Jahr der Vereinsgeschichte: Alle fünf Herrenmannschaften errangen die Meisterschaft in ihrer Klasse. Erstmalig schaffte die erste Herrenmannschaft den Sprung in die höchste deutsche Spielklasse – der heutigen ersten Bundesliga vergleichbar. Im dicht besiedelten Industriestadtteil

Linden bekam Linden 07 immer mehr Zulauf. Bald spielten 24 Mannschaften auf dem einzigen Platz, was enorme Probleme mit sich brachte. Obwohl man Appelle und Mahnungen an die Behörden richtete, waren diese nicht in der Lage, dem Verein zu helfen. Noch 35 weitere Jahre sollte dieser Zustand anhalten. Erst 1958 zog man in das neu erbaute moderne und großzügige Lindener Stadion am Lindener Berg, das auch heute die Heimat von Linden 07 ist. Über 600 Mitglieder trainieren hier in den Sparten Fußball, Tennis, Tischtennis, Badminton, Kinderturnen, Seniorengymnastik, Pilates, Aerobic und Nordic Walking.

STREIFZUG 27

TSV Victoria Linden – der Rugby-Rekordmeister

20 Meisterschaften und acht Pokalsiege hat Victoria im Rugby gewonnen. Damit ist der Verein, dessen Trainingsgelände unweit des Fössebades liegt, der erfolgreichste Rugbyclub Deutschlands. Was nicht heißen soll, dass nicht auch andere Sportarten angeboten werden: Neben Rugby gibt es noch die Sparten Handball, Korbball, Triathlon, Leichtathletik, Dart, Fitness, Reha-Sport, Turnen und Gymnastik. Rugby ist aber nach wie vor die Nummer eins im Verein. Denn von allen Sportarten hat Rugby die längste Tradition bei Viktoria, einige der Trainer sind ehemalige Nationalspieler. Da wundert es nicht, dass der Rekordnationalspieler Deutschlands ebenfalls bei Victoria tätig ist: Als erster Vorsitzender leitet Horst Kemmling die Geschicke des Vereins.

Kemmling erläutert die Vorzüge der Sportart: „Rugby ist der Mannschaftssport schlechthin. Für die unterschiedlichen Positionen brauchen wir verschiedene

Das Logo des Vereins.

Der Deutsche Rugbymeister 1929: TSV Victoria Linden. 19 weitere Meistertitel folgten in den späteren Jahrzehnten und machten Victoria zum Rugby-Rekordmeister.

Spielertypen. Ob klein oder groß, dick oder dünn, langsam oder schnell – für jeden gibt es Einsatzmöglichkeiten." Die wichtigste Grundregel beim Rugby: Der Ball darf nur nach hinten geworfen werden. Zum gegnerischen „Tor" kommen die Spieler nur, wenn sie mit dem Ball in der Hand nach vorne laufen oder kicken. Über mangelndes Interesse können sich die Verantwortlichen von Victoria nicht beklagen. „Unsere Nachwuchsabteilung sieht gut aus", freut sich Kemmling. Der Rekordnationalspieler hatte vor sechs Jahren mit Ralf Hasenbein, dem ehemaligen Leiter Rugby bei Victoria, und den Jugendtrainern das Programm „Wachsen aus der Jugend" entwickelt. Moderne Konzepte mit abwechslungsreichen Trainingseinheiten sorgen seitdem für Spaß und Motivation.

Gegründet wurde der TSV Victoria Linden am 1. April 1900. Walter Frieling, mit 98 Jahren das älteste Victoria-Mitglied, erinnert sich an die Anfangszeit: „Der Platz hatte keine sanitären Anlagen. Wenn ein Spiel war, mussten sich die Sportler in einer Kneipe am Kötnerholzweg umziehen. Da standen auch Waschschalen, auf dem Platz war nichts." Manches musste also improvisiert werden – auch die Anfahrt zu den Auswärtsspielen. Der Rasen des Vereinsplatzes wurde mit der Sense gemäht, das Heu an jemanden abgegeben, der dafür seinen offenen Lastwagen zur Verfügung stellte. Da kamen Holzpritschen drauf und fertig war das Transportgefährt. Die Vereinsmitglieder

Das alles ist Victoria. Insgesamt bietet der Verein neun verschiedene Sportarten für Aktive.

rekrutierten sich damals hauptsächlich aus der Gegend rund um die Straßen des Kötnerholzweges und später auch aus der Kochstraße. Und wie kam Walter Frieling zu Victoria? „Meine Eltern hatten neben dem Sportplatz einen Kleingarten. Sonntags gingen wir da hin, dann wurde Kaffee gekocht. Die Leute aus den Kleingärten ringsum spielten alle bei Victoria. So sind wir Kinder auch dazugekommen."

Victoria – das war immer mehr als nur ein Sportverein, es war eine große Familie. Viele Mitglieder verbrachten die Wochenenden miteinander. Sie gingen tanzen oder feierten zusammen, eigene Sommer- und Weihnachtsfeste wurden veranstaltet. Für ihren Verein – ihre große Liebe – gaben die meisten alles. Auch auf dem Platz. Die eingeschworene Spielergemeinschaft erreichte 1927 erstmals das Endspiel um die deutsche Meisterschaft, verlor aber im Finale. Zwei Jahre später, 1929, dann der große Triumph. Victoria feierte seinen ersten Titel: Deutscher Rugby-Meister! Die große Zeit des Vereins begann aber erst nach dem Zweiten Weltkrieg. Nach der erzwungenen Kriegspause spielte man endlich wieder Rugby, so manches Freundschaftsspiel ging gegen britische Militärauswahlen. 1947/48 wurden erstmals wieder Meisterschafts- und Pokalrunden ausgetragen – und Victoria schaffte den nächsten Triumph. Im Meisterschaftsfinale gewann die herausragende Mannschaft gegen den Berliner SV 1892 souverän mit 30:0. Weitere Meistertitel folgten 1951 bis 1956, als Victoria sechsmal hintereinander deutscher Rugbymeister wurde. Eine Leistung, die kein anderer deutscher Rugbyverein seitdem erreicht hat.

In den folgenden Jahrzehnten errang der TSV Victoria Linden weitere Meistertitel und Pokalsiege. Vereinsvorsitzender Horst Kemmling, der als Spieler mit Victoria fünfmal deutscher Meister wurde, erinnert sich an die kurioseste Saison seines Spielerlebens: „1991 gewannen wir alle Saisonspiele. Nur ein Spiel ging verloren: das Endspiel. Dafür holten wir ein Jahr später mit einem hohem Sieg gegen Ricklingen 08 die Meisterschaft." Einen Rückschlag musste Victoria vor fünf Jahren hinnehmen, als die erste Herrenmannschaft in die 2. Liga Nord abstieg. Nach einer kurzen Konsolidierungsphase schaffte es der TSV Victoria in den letzten beiden Jahren auf Platz eins der Tabelle und wäre berechtigt, wieder in die 1. Liga aufzusteigen. Nach langen Überlegungen beschloss man, vorerst auf den Aufstieg in die deutsche Eliteklasse zu verzichten. Der Grund: eine viel zu dünne Personaldecke und zu wenig Geld, um neue Spieler zu verpflichten. „Ein Transfermarkt in Deutschland ist kaum vorhanden, deswegen bräuchte man teure Profis aus dem Ausland", erklärt Teammanager Ralf Hasenbein. Und fügt hinzu: „Und die können wir uns nicht leisten. Denn ein einziger Profi verschlingt schon den Jahres-Gesamtetat unseres Vereins für die Rugbymannschaft." Die Zeit ist noch nicht reif – aber es wird daran gearbeitet. Victoria baut nun wieder auf ein bewährtes Erfolgsrezept, das schon seit vielen Jahren funktioniert: Junge Leute aus dem eigenen Nachwuchs sollen die Mannschaft verstärken und langsam wieder an alte Erfolge heranführen.

STREIFZUG 28

In Lindens ältestem Sportverein turnten einst nur Männer: die SG74

Idyllisch im Grünen liegt das Sportgelände. Direkt neben den königlichen Gärten in Herrenhausen. Hier, auf einem der größten Vereinsgelände in Niedersachsen, befinden sich die Sporthalle, das Vereinsheim und die Rasenplätze der SG74. Dass der älteste Lindener Sportverein heute nicht mehr im Stadtteil ansässig ist, hat ganz pragmatische Gründe. Im damals dicht bebauten Linden gab es für den wachsenden Verein kaum Platz zum Trainieren. Als dann die Nazis ab 1938 mehrere Zusammenschlüsse mit anderen Sportvereinen erzwangen, entstand der Großverein Deutsche Turn- und Sportgemeinschaft von 1874 mit über 1.200 Mitgliedern. Spätestens jetzt war ein Umzug dringend notwendig geworden. Die Sportler bezogen im Jahr 1940 das Gelände in Herrenhausen, wo noch heute die SG74 ansässig ist.

Rund 800 Mitglieder zählt der Verein. Die größte Sparte, der Fußball, boomt besonders im Jugendbereich. So gibt es allein zwei Juniorinnen- und 14 Junioren-Fußballteams. Aber auch weitere Sportarten sind gut besucht. Neben Tennis, Tischtennis und Volleyball (im Sommer Beachvolleyball) werden auch seniorenorientierte Sportarten wie Faustball, Korbball und Petanque angeboten. In der Halle findet Kinderturnen statt, Taiji findet im Sommer auf der Anlage statt. Die Stärke der SG74 ist das Engagement

Sportler des MTV. Anfangs wurde ausschließlich in Hallen Sport getrieben.

Im Männer-Turn-Verein konnten ab 1910 auch Frauen Sport treiben. Bei einem öffentlichen Schauturnen im Lindener Stadion zeigten sie ihre Künste.

vieler Mitglieder für den Verein. Einige der Jugendfußball-Trainer kommen aus der Elternschaft, den Trainerschein haben sie in mehrwöchigen Seminaren beim DFB erworben. Andere Mitglieder engagieren sich finanziell. Wenn der Verein Geld braucht, geben sie Mitglieder-Darlehen.

Die Ursprünge der SG74 gehen auf den Männer-Turn-Verein zu Linden (MTV) zurück, der am 24. Oktober 1874 in einem Lindener Gasthaus gegründet wurde. 41 Sportbegeisterte zählte der Verein damals. Als Turnraum nutzten die Mitglieder anfangs eine Scheune. Nachdem der Verein immer mehr wuchs, verlegte man den Turnbetrieb in den Saal der Gaststätte „Zum Holländer" am Marktplatz 3. Heute befindet sich dort die Musiklounge „Centrum". In den folgenden Jahrzehnten wurde der „Holländer" zum Vereinslokal des MTV. 1886 zog der Verein schließlich in eine neu gebaute Turnhalle, die die Stadt Linden zur Verfügung stellte. Die starke Zunahme der Mitglieder sorgte dafür, dass alsbald ein geprüfter Turnlehrer angestellt wurde.

Während die ersten Vereine, so auch der MTV, nur in Hallen Sport ausübten, entstanden ab 1890 Rasensportvereine, in denen vor allem Rugby und Fußball gespielt wurde. Der MTV folgte 1910 diesem Trend, gründete eine Spielabteilung und richtete auch für Frauen eine Turnerinnen-Abteilung ein.

Mit Beginn des Ersten Weltkriegs begann eine schwere Zeit. Die meisten Sportler wurden zum Heeresdienst eingezogen. Die Turnhalle nutzte teilweise das Militär, der Turnbetrieb war dadurch öfter unterbrochen. Eine Vereinschronik des MTV aus dem

Jahr 1924 berichtet, dass im dritten Kriegsjahr 1916 „nur noch die Riege der Alten und die Knabenabteilung turnte". Nach dem Ersten Weltkrieg ging es rasant bergauf, die Mitgliederzahlen stiegen stark. Auch einige bekannte Lindener Geschäftsleute wie Willi Reimers (Pächter des Cafés „Schwarzer Bär und Bärenhöhle") oder Ferdinand Rackebrandt (Inhaber des „Restaurants zum Lindener Stadions", heute „Gaststätte Rackebrandt") waren Mitglieder des MTV. Nach dem 60. Jubiläum 1934 änderte sich dann der Vereinsname. Durch verschiedene Zusammenschlüsse (mit dem Turnklub Linden und unter dem Einfluss der Nazis ab 1938 mit dem LSV Alexandria und dem Deutschen Sport-Club Hannover) entstand schließlich die Deutsche Turn- und Sportgemeinschaft oder kurz DTSG74 auf dem Gelände an der Gracht in Herrenhausen. 1965 kam der letzte Zusammenschluss mit Vorwärts Linden, einem traditionsreichen Arbeitersportverein, zur SG74.

Seit zwei Jahren gibt es ein neues Projekt: Durch Kooperation mit den drei Sportvereinen TSG 93, DJK TuS Marathon und MTV Herrenhausen wird die gemeinsame Vereinszeitung „Sport COOP" herausgegeben. Manfred Wassmann, Vorstandsmitglied der SG74, sieht die Sache positiv: „Dieses Kooperationsprojekt hat Vorbildcharakter für andere hannoversche Sportvereine und lässt sich längerfristig weiterentwickeln, z. B. im Sportstättenmanagement und der Mitgliederverwaltung. So können gemeinsam Kosten gespart werden." Auch eine neue Webseite ist seit Kurzem im Netz: www.sg74.de. Die einzelnen Sparten können nun über ein Administratorsystem ihre Seiten selbst gestalten. Dadurch sind die Informationen des Vereins schnell und aktuell im Netz.

Vereinsmitglieder in der typisch weißen Turnbekleidung (Mitte der 1930er-Jahre).

Bitte beachten Sie auch die folgenden Buchhinweise.

Bücher aus Hannover

Liebes altes Hannover …
so wird's nie wieder sein
Kreidezeichnungen 1900 bis 1943

Dieter Ohlendorf

978-3-86680-555-2
19,90 € [D]

Hannover
Rundgänge durch die Geschichte

Ekkehard Oehler-Austin

978-3-86680-619-1
14,90 € [D]

Sagenhaftes aus der Region Hannover

Ernst-August Nebig

978-3-86680-535-4
17,90 € [D]

SUTTON VERLAG

Weitere Bücher aus Ihrer Region finden Sie unter:
www.suttonverlag.de